亲历者
旅游书架

Follow Me

《亲历者》编辑部 编著

南京
深度游

慢·旅·行·的·倡·导·者

中国铁道出版社有限公司
CHINA RAILWAY PUBLISHING HOUSE CO., LTD.

图书在版编目（CIP）数据

南京深度游 Follow Me /《亲历者》编辑部编著.
2 版 . -- 北京 : 中国铁道出版社有限公司 , 2025. 3.
（亲历者）. -- ISBN 978-7-113-31782-9

Ⅰ . K928.953.1

中国国家版本馆 CIP 数据核字第 2024Y2K407 号

书　　名：**南京深度游 Follow Me**
NANJING SHENDU YOU Follow Me

作　　者：《亲历者》编辑部

责任编辑：孟智纯　　　　编辑部电话：（010）51873697
封面制作：赵　兆
责任校对：刘　畅
责任印制：赵星辰

出版发行：中国铁道出版社有限公司（100054，北京市西城区右安门西街8号）
网　　址：https://www.tdpress.com
印　　刷：天津嘉恒印务有限公司
版　　次：2013年5月第1版　2025年3月第2版　2025年3月第1次印刷
开　　本：660 mm×980 mm 1/16　印张：12.5　字数：265千
书　　号：ISBN 978-7-113-31782-9
定　　价：68.00元

如何使用本书

景区

精选南京33个热门目的地，囊括南京旅游精华。

景区概述

用简练的语言，让读者对景区有一个整体认识。

微印象

精选自媒体平台、旅游网站上旅行者对景区作出的价值性点评，让读者对景区有一个初步的认识，确定旅游目的地。

基本信息

包括门票价格、景区开放时间、最佳旅游季节、进入景区的各种交通方式等实用信息。

景区星级

从美丽、浪漫、休闲、人文、特色、刺激6个方面给景区评级。

图片

选取精美图片，提升现场感，提供摄影参考。

子景点

观光点的详细介绍，并配有实用攻略、小贴士、旅友点评等丰富的资讯。

景区示意图

标注景区出入口、游览线路、观光点、景区配套设施等信息。

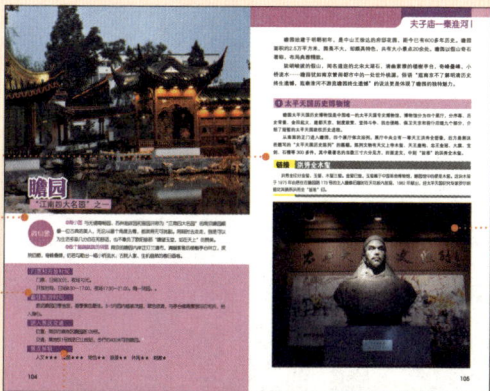

景区攻略

包含住宿、美食、购物、娱乐、景区内部交通、旅游注意事项等，丰富且实用。

行程推荐

提供合理、实用的景区游览方案。

导读

提供南京的基本背景信息，让读者先认识目的地，再开始旅行。

爱上城市

若干幅精美图片，让读者对目的地建立感性印象。

城市概览

以图文形式，梳理城市的地理、历史、文化等知识，让读者对目的地建立初步认识。

读懂城市

以专题的形式，介绍一些文化主题，让读者对目的地产生更深刻的认识。

南京，
来玩就要有深度

海纳百川

南京不仅是长江流域唯一的大一统王朝的都城，也是名副其实的"移民城市"。

南京在历史上经历过多次人口迁徙，一次又一次移民浪潮下，吴越文化与荆楚文化、海派文化与内陆文化、北方文化与南方文化、运河文化与长江文化在这里交融、碰撞、激荡，形成了海纳百川的南京文化。

风雅秦淮

六朝古都，十代都会，南京有近2500年的建城史，约450年的建都史，丰厚的文化积淀和独特的人文景观让这里成为承载中华文明的一个醒目坐标。

漫步南京城，沿秦淮河重温六朝烟雨，登古城墙追忆大明风华，满眼的秦淮元素，再现了传统与现代交相辉映。

南京，江苏省省会，古称金陵、建康。这座历史悠久的城市，承载着丰富的文化底蕴和厚重的历史记忆。作为中国四大古都之一，南京不仅是中国历史文化名城，也是一座山水城林融为一体的美丽城市。

南京已有近2500年的建城史。自东吴孙权在此建都以来，又先后有东晋，南朝宋、齐、梁、陈在此建都，前后共320余年，史称六朝。在六朝以后1000多年的历史长河中，五代十国的南唐、明朝、太平天国和中华民国都曾立都南京，因此南京被誉为"六朝古都"和"十代都会"。

南京山环水抱，自然风貌久负盛名，诸葛亮曾评价道"钟阜龙蟠，石城虎踞"。南京的著名景点包括中山陵、明孝陵、夫子庙等，这些都是了解南京历史文化的重要窗口。

南京是一座历史与现代交融的城市，既有厚重的历史文化底蕴，又有现代化的城市风貌，以其独特的魅力吸引着世界各地的游客。

金陵风尚

观灯会，逛夜市，上书店，下馆子，十里秦淮桨声灯影，玄武湖划船，鸡鸣寺樱花满枝，沿着陵园路梧桐大道citywalk，如同走进秋日诗行，南京的浪漫风尚已刻在这座城市的基因里。

天下文枢、明远楼、钟山神道、紫峰大厦，古今交融，每个视角都很南京！

目录

第4章 136-173
南京城区

第5章 174-192
南京郊区

示意图目录

速读南京

爱上南京

六朝古都的淳厚典雅

城市森林的清新绿意

购物天堂的时尚繁华

味蕾金陵的酸甜辣爽

南京概览

南京每月亮点

南京地理

南京历史

品尝南京美食

找寻特色物产

南京市区名胜二日游

南京经典三日游

读懂南京

钟阜龙盘，石城虎踞

六朝古都，灿烂文明

明代南京，世界第一大城

天下文枢，文采风流

终结帝制，定都南京

惨无人道的南京大屠杀

南京美食绕不开鸭子

南京云锦，寸锦寸金

六朝古都的淳厚典雅

南京是一座看得见历史、听得到梵音的古城。秦淮河畔的青砖灰瓦里繁生的是才子佳人的点滴韵事；民国建筑的梧桐灯影里投射的是文人墨客的博学多才；大明宫城的巍峨城门上悬挂的是帝王将相的凯旋盛气；山麓古寺的晨钟暮鼓中响起的是天地之间的阴阳和合。南京就像是一位旧时光里的美人，隔着光阴的山水站在彼岸，却寻得见那清秀眉目，婷婷端庄。

城市森林的
清新绿意

南京，位于黄河文明与长江文明的交汇处，是一座郁郁葱葱、生机盎然的滨江生态宜居之城。这里的山，层峦碧绿，林涛飒飒；这里的水，波光潋滟，清澈潺潺；这里的景，四时多变，色彩斑斓。春游"牛首烟岚"，夏赏"钟阜晴云"，秋登"栖霞胜境"，冬观"石城雪霁"，均可见南京秀色美景之一斑。

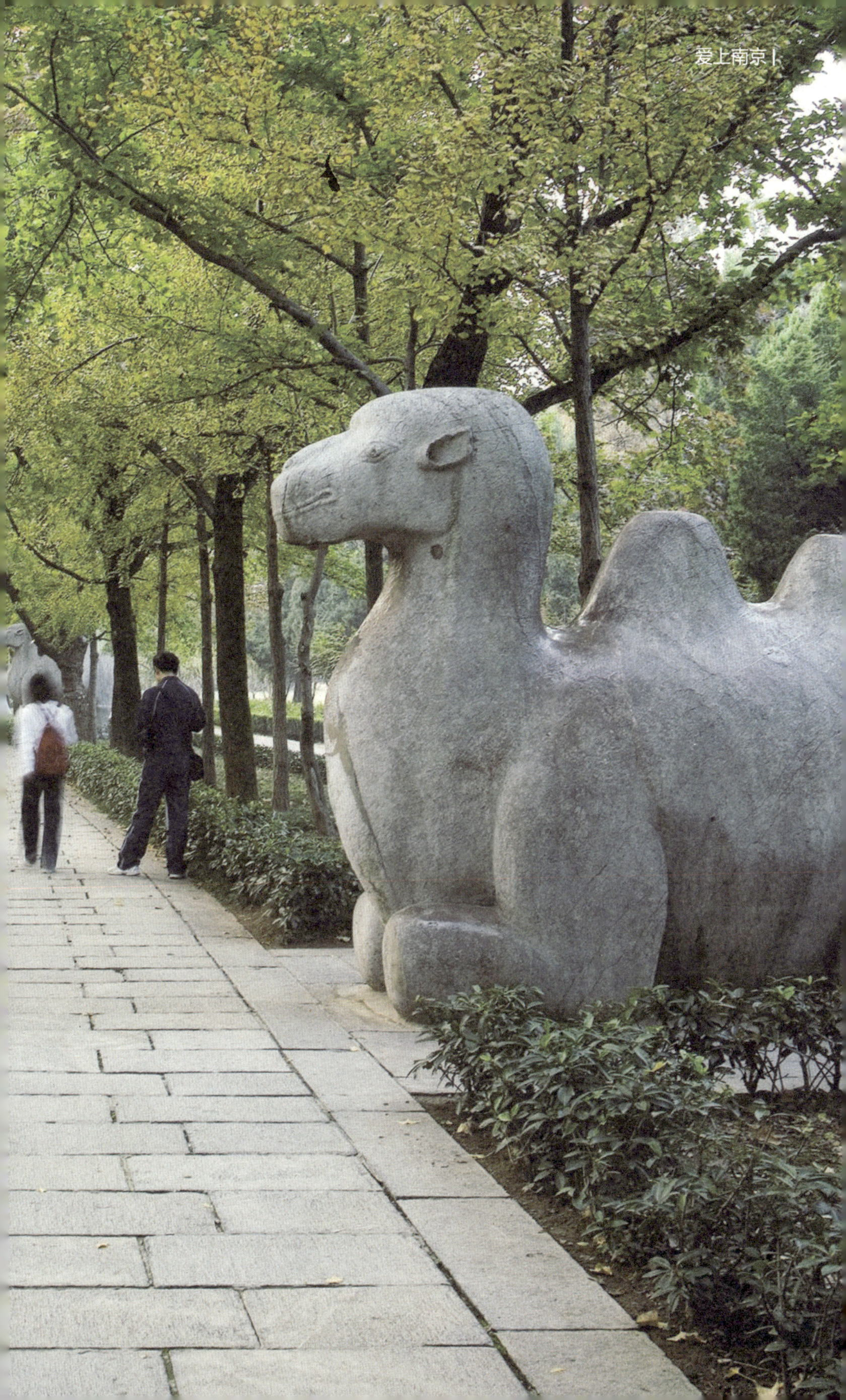

购物天堂的时尚繁华

　　南京，作为中国国家区域中心城市，商业繁荣。有着近百年历史的著名商圈新街口，购物中心遍布地上地下；坐落着南京最高建筑紫峰大厦的鼓楼广场，金融大厦林立四周。南京，是"压马路"爱好者心中理想的目的地，行走在这里，扑面而来的现代气息让人感受到繁华的喜悦。

味蕾金陵的酸甜辣爽

　　"民以食为天"。说到饮食，金陵小吃，历史悠久，品种繁多，自六朝时期流传至今，多达 80 多个品种。名点小吃有荤有素，甜咸俱有，形态各异，尤其以"秦淮八绝"（八道点心）叫绝。南京美食街以夫子庙的大石坝和湖南路的狮子桥为著名的代表，不论是国际化的西餐厅还是传统的老字号，不论是考究的京苏大菜还是口碑绝好的路边摊，南京美食，只有你想不到的，没有你吃不到的。

金陵春

南京
每月亮点

1 月

游玩推荐：尝美食
地点：科巷、老门东等

2 月（正月初一至十八）

游玩推荐：秦淮灯会
地点：夫子庙秦淮河风光带

3 月（3 月中旬）

游玩推荐：赏樱花
地点：鸡鸣寺、珍珠河等地

4 月

游玩推荐：踏青、禅修
地点：牛首山

5 月

游玩推荐：访古
地点：古城墙、夫子庙

6 月

游玩推荐：赏绣球花
地点：绣球公园、中山植物园

7 月

游玩推荐：赏荷花
地点：玄武湖公园、莫愁湖公园

8 月

游玩推荐：逛博物院
地点：南京博物院、六朝博物馆等

9 月

游玩推荐：坐轮渡，看落日
地点：中山码头

10 月

游玩推荐：郊游、登高远眺
地点：紫金山

11 月

游玩推荐：赏红叶
地点：栖霞山、中山植物园

12 月

游玩推荐：祈福
地点：鸡鸣寺、灵谷寺

人口：常住人口 954.7 万人（截至
2023 年末）
面积：约 6587 平方千米
荣誉称号：文学之都、联合国人居奖特
别荣誉奖、中国最具幸福感城市

南京 地理

地理

　　南京南北长、东西窄，全市地形
主要以低山丘陵为主，山水城林融为
一体。长江穿城而过，秦淮河、金川
河萦绕其间，玄武湖、莫愁湖点缀城
中。全市林木覆盖率高，人均公共绿
地面积位居全国前三名，是中国四大
园林城市之一。

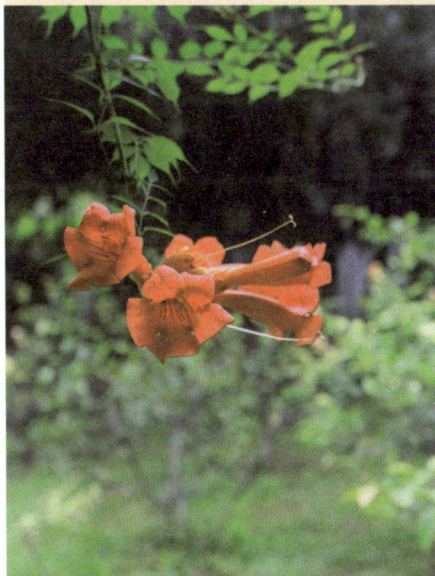

气候

　　南京属亚热带季风气候，雨量充沛，
四季分明。春季风和日丽，梅雨时节阴雨
绵绵；夏季炎热；秋天干燥凉爽；冬季寒
冷、干燥。南京春秋短、冬夏长，冬夏温
差显著，四季各有特色，皆宜旅游。

南京
历史

六朝古都

　　东吴黄龙元年（229 年），吴帝孙权在此建都，南京从此崛起。此后，东晋及南朝的宋、齐、梁、陈相继在此建都，故南京有"六朝古都"之称。六朝时期的建康城（即今天的南京）是当时世界上最大的城市，也是世界上第一个人口超过百万的城市。

隋唐及五代十国时期

　　隋唐两代，南京受到北方朝廷刻意贬抑，但地理上的优势使南京的经济、文化不断发展强大。五代十国时期，南京是中国东南地区的政治、经济、文化中心。其中南唐定都南京，末代君主李煜无力救国，但才华横溢的他却在词坛留下不朽的篇章。

宋元时期

　　北宋时期，南京安稳无战乱，发展成为鱼米之乡。北宋末年，靖康之难引发人口第三次大南迁，南京再次成为经济中心。南宋时期，名将岳飞曾在南京牛首山一带大败金兵，并有抗金故垒遗存。元时南京无战乱，继续发展壮大。

明清时期

　　1368 年，朱元璋在南京称帝，国号明。明建文四年（1402 年），燕王朱棣发动靖难之役夺建文帝帝位，明永乐十九年（1421 年）迁都北京，南京作为陪都。南京紫禁城逐渐被遗忘，加上年久失修，直到 1522 年，南京皇城的主体建筑几乎毁尽。

近现代时期

　　清道光二十二年（1842 年）鸦片战争后，清政府在南京下关江面的英国军舰上签订中国近代史上第一个不平等条约《南京条约》。

　　洪秀全建立太平天国后，曾在南京建都。1912 年元旦，中华民国临时政府在南京成立。

　　1937 年 12 月 13 日，侵华日军占领南京，实施了惨无人道的南京大屠杀，死难同胞达 30 万人。

品尝
南京美食

鸭血粉丝汤

将新鲜的鸭血切块，与嫩滑的鸭肝、鸭肠一同煮入高汤，再加入弹牙的细粉丝。汤底鲜美，食材丰富，每一口都是对味蕾的极致宠爱。

哪里吃：小潘记鸭血粉丝汤，秦淮区中山东路198号

金陵盐水鸭

金陵盐水鸭是南京名菜中的佼佼者。选用优质肥嫩的鸭子，经过多道工序腌制而成，盐香入味，肉质紧致。每一口都能尝到细腻的咸香，令人欲罢不能。

哪里吃：章云板鸭，秦淮区升州路228号

牛肉锅贴

南京的牛肉锅贴，以其酥脆的外皮和鲜嫩的馅料闻名。选用优质牛肉和蔬菜调制而成的馅料，包裹在薄薄的面皮中，经过煎烤，外脆内嫩，香气四溢。刚出锅的锅贴得靠"抢"。

哪里吃：李记清真馆，秦淮区打钉巷1号

皮肚面

　　南京特色面食。选用劲道的面条和金黄酥脆的皮肚，再配以鲜美的高汤和丰富的配料。皮肚的酥脆和汤面的鲜美，让人食欲大开，回味无穷。

哪里吃： 老太皮肚面，秦淮区评事街97号

赤豆元宵

　　南京传统的甜品之一，选用糯米粉包裹甜美的赤豆馅，煮成后汤甜糯滑。赤豆煮到酥烂，糯米元宵 Q 弹软糯，汤底绵密浓稠，每一口都好甜蜜。

哪里吃： 刘长兴，玄武区丹凤街高楼门6号

南京汤包

　　"轻轻提,慢慢移,先开窗,后喝汤……"说的就是南京汤包。汤包是本地人从小吃到大的传统江浙早餐。一小口下去就回味无穷，简直太好吃了。

哪里吃： 老鼓楼汤包，玄武区梅园新村太平门街10号

找寻
特色物产

盐水鸭

盐水鸭可谓南京第一特产。南京盐水鸭制作历史悠久，鸭皮白肉嫩、肥而不腻、香鲜味美。其中，"桂花牌"的盐水鸭被评为"国家地理标志保护产品"，是招牌特产美食。

雨花茶

雨花茶因产于南京中华门外的雨花台山丘而得名，是优质细嫩针状春茶，以碧绿的茶色、清雅的香气、甘醇的滋味闻名。雨花茶回味甘甜，色、香、味俱全，是上等佳品。

糕点

糕团小点是南京的传统小吃，甜而不腻，糯而不粘，而且大多玲珑小巧、色彩缤纷，入口香甜松软、清香满腔。南京还有梅花糕、茶糕、鸭油酥烧饼、海棠糕、玉带糕等可以品尝。

雨花石

　　雨花石是一种天然玛瑙石，《红楼梦》中通灵宝玉的原型即为雨花石的精品。一些珍奇雨花石瑰丽无比，朦胧的透明中似有各种新奇的图案。

绒花

　　绒花谐音"荣华"，寓有吉祥、祝福之意。南京绒花又称宫花，明清时期尤受欢迎。绒花细绒手感好，图案特点明显，造型多样，本地传统节日有用绒花作装饰的习俗。

云锦

　　云锦因其色泽光丽灿烂，美如天上云霞而得名，是南京传统的丝织工艺品。元、明、清三朝均为皇家御用品，可谓浓缩了中国丝织技艺的精华。

南京
市区名胜二日游

DAY 1

  如果要感受南京的厚重历史，上午可以去玄武湖附近的古城墙一观，然后去附近的鸡鸣寺，如果是樱花季，鸡鸣寺附近简直人山人海。下午去参观中国三大博物馆之一的南京博物院。晚上去夫子庙、秦淮河景区，可欣赏到迷人的秦淮河夜色。

DAY 2

  第二天参观钟山风景区，景区主要由明孝陵、中山陵、美龄宫、灵谷寺等组成。由于景区很大，时间紧凑的话，可以选一两个景点重点参观。

玄武湖

鸡鸣寺

南京博物院

夫子庙

秦淮河

钟山风景区

南京 经典三日游

DAY 1

上午去鸡鸣寺祈福，中午去科巷逛吃美食；下午去南京博物院参观国宝，晚上逛南京城区中心新街口一带。

DAY 2

上午去参观总统府，中午在邻近的 1912 街区吃饭，下午去参观侵华日军南京大屠杀遇难同胞纪念馆，晚上到老门东吃饭，逛夫子庙，游秦淮河。

DAY 3

第三天参观钟山风景区，可沿着明孝陵—梅花山—美龄宫—中山陵—音乐台—灵谷寺路线逛一整天，部分景区可重点参观。

鸡鸣寺

南京博物院

新街口

总统府

侵华日军南京大屠杀遇难同胞纪念馆

夫子庙

秦淮河

钟山风景区

钟阜龙盘，石城虎踞

古人描述南京山川风貌和地理形势，用了一个词——虎踞龙盘，极具王者之气。

传说最初如此称谓南京的是诸葛亮。三国时期，诸葛亮途经秣陵（南京旧称），曾驻马石头山（今清凉山），观察南京的山川地势。当他看到以钟山为首的群山，好似巨龙蜿蜒蟠伏于东南，而以石头山为终点的西部诸山，又像猛虎雄踞在大江之滨，遥相呼应、气势非凡，情不自禁地发出"钟阜龙盘，石城虎踞，真乃帝王之宅也"的赞叹。从此，"虎踞龙盘"便扬名四海。

后世，太多到过南京的名人为"虎踞龙盘"之势或颂歌或遗憾。唐代大诗人李白在《永王东巡歌》之三的诗中写道："龙盘虎踞帝王州，帝子金陵访故丘。春风试暖昭阳殿，明月还过鳷鹊楼。"到了宋代，辛弃疾在《念奴娇·登建康赏心亭呈史致道留守》中写道："虎踞龙盘何处是？只有兴亡满目。"近现代形容南京"龙盘虎踞"最有名的诗句，莫过于毛泽东《人民解放军占领南京》中的："虎踞龙盘今胜昔，天翻地覆慨而慷。"

正是由于古人以为南京有"王者之气，宜为都邑"，所以，先后有多个朝代或政府曾在南京建都立业；到了六朝时期，南京被誉为"江南佳丽地，金陵帝王州"。特别是六百多年的大明王朝，朱元璋在此打造了一座史无前例的大砖城，它规模宏大，依山傍水，选材考究，工艺精湛，与南京"虎踞龙盘"的气势可谓完美融合。

六朝古都，灿烂文明

南京，这座六朝古都，承载着中国古代历史的厚重底蕴。东吴、东晋、刘宋、南齐、南梁、南陈，六朝的繁荣与兴衰交织在这片土地上，为南京赋予了深刻的历史内涵。

东吴时期，孙权的建都之举成为南京历史的开篇，也是六朝古都的起源。这一时期的南京，与东吴的兴盛相辉映，奠定了后来六朝历史的基调。

东晋时期，南渡成为历史的转折点。北方战乱，大量世族和皇族南渡，南京成为他们安身立命之地。司马睿在此重建朝廷，拉开了东晋时期的序幕。

刘宋时期，刘裕的军功和对东晋政权的掌握，使得南京成为南朝宋的都城。南京在这一时期经历了政治、文化的繁荣，成为南方文化的中心。

南齐时期，内斗与萧道成的崛起，政权再次更迭，南京继续作为都城，见证历史延续。然而，这一时期的内乱也在一定程度上削弱了南方政权的实力。

南梁时期，萧衍的改朝换代成为南京历史上的又一里程碑。萧衍在襄阳起兵，攻入建康，建立了南朝梁，将都城继续保留在南京，南京又一次经历了政权的更替。

南陈时期，都城南京见证南朝最后的辉煌。在陈后主陈叔宝继位后，南朝陈的国势日渐衰弱，最终被隋文帝的儿子杨广消灭，结束了六朝古都的历史篇章。

通过对六朝历史的追溯，我们仿佛能够感受到南京这座城市的韵律，它是历史长河中的一个独特符号，见证了中国古代政治、经济、文化的辉煌与沧桑。

明代南京，世界第一大城

1368年，朱元璋在应天府称帝，改应天府为南京，年号洪武，建立大明王朝。明朝定都南京，打破了以往的先例，成为建都南京的第一个统一王朝。

其实早在1356年，朱元璋便攻占了南京。他采纳高级幕僚朱升提出的"高筑墙、广积粮、缓称王"的建议，经过近十年的沉淀和发展，1366年开始在钟山（即紫金山）之南建造新宫，即南京故宫（包括宫城和皇城），并改筑应天府城。

为了将南京打造成天下第一名都，朱元璋下令征调全国各地工匠、人夫（普通百姓）和囚犯进京筑城，人数达100万之众。明洪武二年（1369年）至十九年（1386）为第二期工程，以新筑京城城墙为主，向北拓宽旧城直至长江之滨。南京城墙从1366年兴建，至1393年竣工，前后耗时近30年之久。

根据南京城的地理形势和整体布局，当时在京城城墙东西南北四面共辟有13座城门，每座城门都建有规模大小不一的城楼，上设垛口13000余个、窝铺200余座，为世界第一大城。历经600多年风雨，目前仅有聚宝门（今中华门）、石城门（位于今汉中门广场中央）、神策门（今和平门）、清凉门四座城门保存较好，其余均荡然无存。

明代的南京城，是我国劳动人民智慧的结晶，伟大的创造，在世界城垣建筑史上占有重要地位。明太祖朱元璋、建文帝朱允炆、明成祖朱棣相继以南京为都，历时达54年。1421年朱棣迁都北京后，南京成为留都，其地位仅次于北京。

天下文枢, 文采风流

在南京夫子庙棂星门前的庙前广场上, 耸立着通高约10米、通宽约14米的"天下文枢"木牌坊。这"天下文枢"的意思便是古代南京为天下文化的中心, 也是指中国第一所国家最高学府孔庙的所在地。

东晋咸康三年（337年）, 成帝在秦淮水南建立太学, 为当时最高学府。南唐又在秦淮水北建立国子监。北宋景祐元年(1034年), 江宁知府陈执中将夫子庙迁到今址。朱元璋攻下南京后, 夫子庙改为国子学, 即明初最高学府。当时的秦淮河北岸先后建有太学、国子监、国子学等官学, 南岸则建有大大小小的社学、义塾和蒙馆等民间机构, 可谓读书气候浓厚, 儒学文化兴盛。

秦淮是中华的科举重镇。紧邻夫子庙东侧的贡院, 明初一度为会试考场, 清代是全国最大的乡试考场。当时顺天贡院在北京, 称"北闱", 而南京贡院则称"南闱"。唐寅、吴承恩、郑板桥、吴敬梓、林则徐、张謇等, 一个个响当当的人物都在此奋斗过。从六朝到明清时期, 夫子庙一直都是南京的文教中心。

明末清初著名文人余怀这样评品秦淮:"衣冠文物, 盛于江南; 文采风流, 甲于海内。"在这里, 儒家文化的繁荣, 多元文化的激荡, 相互交融, 各呈精彩。六朝风流、唐宋风情和明清风雅, 被天下文枢牌坊高高托举。

终结帝制，定都南京

首都是一国的政治、经济和文化中心，中央政府的所在地。孙中山要创建中华民国自然也有定都何地的选择。

一开始孙中山心中的理想地是武昌，他认为武昌扬灵于大江，东可控江浙，北望襄樊振抚河洛，靠着铁路交通，而北达长城，南理两粤，在当时的政治环境下是理想的首都所在地，况且武昌是辛亥革命起义中第一个在省会城市取得成功的地方。然而武昌起义（1911年10月10日）不到一个月后，清廷疯狂反扑，屯兵江北，虎视江南，武昌形势极为严峻。好在很快传来了江浙联军攻克东南重镇南京的消息。于是，各省代表在武昌开会决定，将临时政府设在南京。

12月25日孙中山归国，看到当前新形势，便放弃了将首都设在武昌的考虑，支持定都南京。1912年1月1日，孙中山在南京就任临时大总统，结束了我国延续两千多年的封建帝制，建立中华民国。而此时的北京，袁世凯已实际控制了清王朝的军政大权。4月1日，为了民族大义，孙中山让位袁世凯，临时政府迁往北京。孙中山在南京建立政治中心的努力失败。北京政治中心的地位从1912年一直维持到1927年，此后，政治中心再次回归南京。

惨无人道的南京大屠杀

南京大屠杀是日本侵略者在侵华战争中制造的一起惨绝人寰、灭绝人性的历史事件。1937年12月13日，侵华日军攻占了当时的中国首都南京城，在长达6个星期的时间里对南京无辜市民和放下武器的中国军人进行了残酷的血腥大屠杀，死难者达30万人以上。

日军在杀戮的同时，还大肆奸淫妇女，无数住宅、商店、工厂、机关、学校、仓库被抢劫、焚烧、破坏，全市约有三分之一以上化为灰烬。这场屠杀事件发生后，当时就震惊中外，受到国际社会的谴责。

英国《曼彻斯特卫报》记者田伯烈在其所著《外人目睹中之日军暴行》一书中，称日军在南京的暴行是"现代史上破天荒的残暴纪录"，是"现代文明史上最黑暗的一页"。战后，远东国际军事法庭对日本首要战犯进行审判，认定南京大屠杀的暴行是战争犯罪，构成了战争罪及违反人道罪，相关主要负责人得到了应有的惩罚。

自2014年起，国家以立法形式将12月13日设立为南京大屠杀死难者国家公祭日，每年12月13日在南京举行国家公祭仪式，悼念死难同胞，揭露日本侵略者罪行，牢记侵略战争造成的深重灾难，表明中国人民维护世界和平的坚定立场。凄厉警报声响起，不忍想象1937年此刻南京城的惨象。以史为鉴，吾辈自强！

南京美食绕不开鸭子

没有人比南京人更爱吃鸭子。据南京鸭业协会统计：南京大概有一万个鸭子店，而南京人每年消耗的鸭子数量在一亿只左右，其中盐水鸭约占 4000 万只。

南京人半开玩笑地说："三天不吃鸭，走路要打滑"，为啥南京人这么爱吃鸭子呢？

一是和地理环境有关，南京地处江南，湖泊、水道众多，水网密布，为养殖鸭子提供了良好的条件。二是南京气候炎热，尤其是暑季，南京人喜欢吃一些凉性的食物来解暑。而鸭子长在水边，其肉性味甘、寒，有滋补、养胃、补肾、消水肿、止咳化痰等作用，所以自然成了南京人饭桌上的佳肴。

南京人会吃鸭子，做法多种多样，最负盛名的还要数盐水鸭。在南京的大街小巷，无论是大酒店还是小门脸，都可以见到盐水鸭的身影。盐水鸭又叫桂花鸭，因为桂花盛开的时节制作的盐水鸭最好吃。盐水鸭切块摆盘，只见鸭白肉嫩，肥而不腻，香气诱人，口感极佳。

南京板鸭和鸭血粉丝汤也不甘落后。板鸭的制作手法比盐水鸭复杂一些，味觉层次也更多样。鸭血粉丝应该是全国普及度最高的南京吃鸭方法了，连汤带水地吃下一碗，大呼过瘾。除此之外，南京还有烤鸭包、鸭件、鸭油酥烧饼等吃鸭大法。不得不说，南京真是一个吃鸭胜地。

南京云锦，寸锦寸金

明清时期，南京商业繁华，在这期间孕育出了众多"宝藏"，有"寸锦寸金"之称的南京云锦尤为突出，一度成为皇室贡品，深受宫廷热爱。

云锦因其色泽光丽灿烂，美如天上云霞而得名。南京云锦的源头最早可以追溯到 1600 年前东晋时期官办的"斗场锦署"，其发展和繁荣则是从元代开始。元时，朝廷在南京专设了御用织造机构，使南京丝织业得以蓬勃发展，它为南京云锦工艺的发展、明清两代江宁官办织局的建立起了奠基作用。

值得一说的是，自康熙二年至雍正五年（1663—1727 年），江宁织造府的主官相继由清代文学家曹雪芹的曾祖曹玺、祖父曹寅、父亲曹颙、叔父曹頫三代四人担任。这也是为何曹雪芹在写《红楼梦》时，对南京云锦类衣料、配色和花纹图案等描绘得一清二楚、栩栩如生。

南京云锦是大量用金的织物，制作织金的金线分为两类：片金和捻金。首先要把金块经过反复捶打制成薄如蝉翼的金箔，再把金箔裱托在薄纸上，切成细条，即为片金；若把片金与丝或棉纱线捻合在一起，即为捻金。

云锦的图案精美、色彩艳丽、织造工艺精细，代表了中国历史上织锦艺术的最高成就。其独特的提花工艺和手工织造方式，使得云锦成为不可替代的艺术品。想要近距离欣赏南京云锦的织造工艺，可以去专门设立的南京云锦博物馆一看究竟。

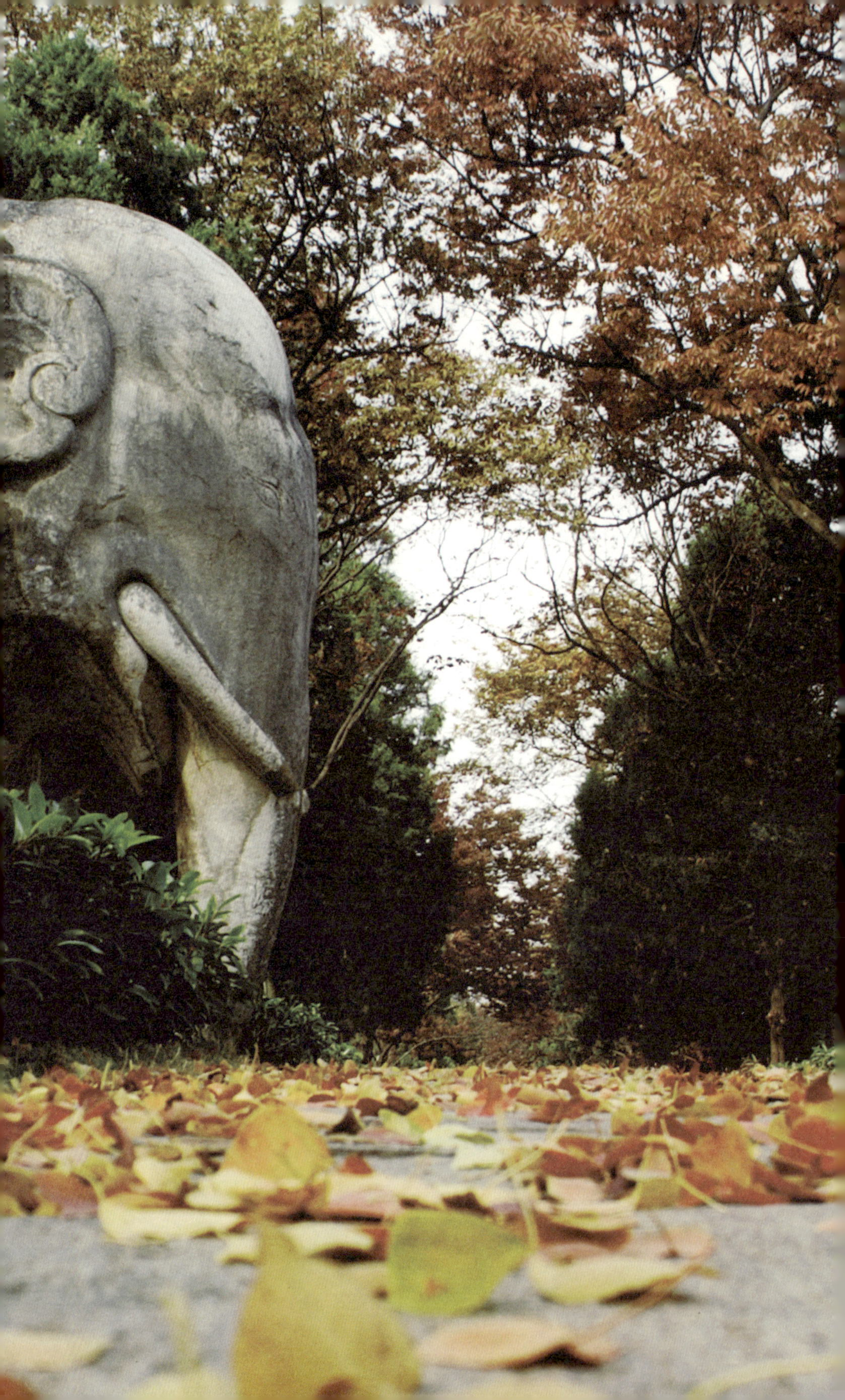

第 1 章
钟山
风景区

明孝陵景区
中山陵景区
灵谷景区
紫霞湖景区
紫金山天文台
中山植物园

微印象

@秋甜木子 整个钟山风景区被绿树环绕，又远离闹市，简直就是一个天然氧吧。这次去中山陵不仅拜谒了伟人陵墓，还感受到了大自然久违的清新。这样的环境，真是让我流连忘返。

门票和开放时间

门票：100元（全景区套票）。各景点独立门票及开放时间见下表。

景 点	门 票	开 放 时 间
明孝陵景区	70元（含梅花山）	7:00~17:30（12月—次年1月），6:30~18:30（2月—11月）
中山陵景区	景区免费开放（美龄宫30元，音乐台10元）	8:00~17:00
灵谷景区	35元	7:00~17:30（12月—次年1月），6:30~18:30（2月—11月）
紫霞湖景区	免费开放	6:30~18:30
紫金山天文台	15元	8:30~17:00（4月—10月），8:30~16:30（11月—次年3月）
中山植物园	45元（南区），15元（北区），南北园联票50元	8:30~17:00

最佳旅游时间

游览钟山风景区全年皆可，春秋季节最佳。3~5月景区内繁花似锦，漫山树木新绿，景色迷人。9~11月景区内银杏叶、枫叶飘落，树叶翩翩飞舞，景色格外妖娆。

景点星级

人文 ★★★★ 美丽 ★★★★ 特色 ★★★ 浪漫 ★★★ 休闲 ★★★ 刺激 ★

钟山风景区是南京最负盛名的游览胜地，为国家 5A 级旅游景区和世界文化遗产所在地。钟山虽不算高，但它气象雄伟，三峰相连形如巨龙，雄伟壮丽，气势磅礴。环山溪流交汇，湖泊众多，北麓的玄武湖，山南的紫霞湖、燕雀湖、琵琶湖等尤负盛名。当年诸葛亮曾惊呼："钟阜龙蟠，石城虎踞，真乃帝王之宅也！"诗仙李白也赋诗赞叹："钟山龙盘走势来，秀色横分历阳树。"

与迷人的自然风光相比，钟山丰富的人文景观尤其引人入胜，它囊括六朝文化、明代文化、民国文化、山水城林文化、生态休闲文化、佛教文化于一山之中，可谓是"中华城中人文第一山"。历代风物荟萃于此，200多处名胜史迹和纪念建筑，琳琅满目，错落有致，掩映在苍松翠柏之中。

白马公园

　　白马公园位于钟山风景区的湖、山结合部。这里湖光山色交相辉映、雄秀兼具，与周围的国际会展中心、太阳宫形成一条气势非凡的环湖景观带，最能体现南京山、水、城、林融会一体的特色。

头陀岭景区

山顶公园

白云泉

头陀岭站

索道

至南京火车站

板仓街

紫金山天文台

天堡城站

钟山六朝
建筑遗址

中山陵景区

祭堂

激流回旋运动场

白马石刻
艺术博物馆

仇成墓

吴良、吴帧墓

常遇春墓

地堡城站

明孝陵景区

正气亭

碑亭

陵门

白马公园

龙脖子路

索道

明定陵

紫霞湖

颜真卿碑林

至太平门

白马高尔
夫球俱乐部

廖仲恺、何香凝墓

太平门路

定林山庄

商业街

白马湖

琵琶湖

明城墙

琵琶湖景区

中山植物园

海底世界

陵园路

前湖

仲翁路

神道望柱

孙权墓

四方城

明城墙

明陵路

梅花湖

中山陵园
管理局

美龄宫

明陵路入口公园

梅花谷

四方城公园

邵家山公园

至中山门、
宁杭公路

沪宁高速连接线

陵园路入口公园

岗陇隧道

陵园路

卫桥隧道

下马坊遗址公园

中山门大街

学林路

至杭州

琵琶湖景区

　　琵琶湖景区位于中山陵风景区外缘景区前湖片区内。琵琶湖城墙是南京明城墙中唯一一段亲水城墙。景区内建有木栈道、钓鱼台、座凳、亲水护坡、驳岸、观景小品等，是观景休闲的最佳场所。

头陀岭景区

头陀岭位于钟山主峰之西，为钟山第二高峰，海拔 425 米。这里地势险要，峭石壁立，风光绝佳，历代不少帝王将相、文人墨客来此寻幽探胜，留下了许多珍贵的遗迹。

钟山山北景区

钟山山北景区以"重塑历史人文环境"为主题，有抗日航空烈士公墓、蒋王台、王家湾水库、山地俱乐部、景区客舍等多处自然和人文景观。景区内 80 万平方米的竹海公园风景秀丽，登上山顶，可在成片的竹海深处享受一份难得的静谧。

钟山风景区示意图

地图标注

航空公墓
名僧墓林
军民友谊水库
上黄马水库
下黄马水库
议政亭
孙中山纪念馆
钟山书院
坊
藏经楼
灵谷景区
三绝碑
灵谷塔
谭延闿墓
拥翠亭
滑道游乐园
流徽榭
音乐台
无梁殿
邓演达墓
侵华日军南京大屠杀遇难同胞丛葬地
南京体育学院
中央体育场旧址
内环路

美龄宫

美龄宫位于南京市区东郊四方城以东 200 米的小红山上，1931 年兴建时原定为国民政府主席的官邸，后改为高级官员进谒中山陵的休息处，是一座依山而筑的中西合璧式建筑。建筑由正屋、门楼、警卫室、汽车间及花园等部分组成。

南京海底世界

南京海底世界是融教育与娱乐为一体的大型娱乐场所。海底世界有 200 余种，10000 多尾海洋鱼类，分为寻鲨探奇馆、海底漫步、海底秀场、企鹅世界、水母世界、冰雪极地，可近距离感受海底世界的梦幻与奇妙。

攻略

景区交通 游遍景区不犯愁

　　外部交通：钟山风景区面积很大，如果要全部玩一圈，一天都走不完。如果第一次来南京，假期不多且想多玩几个景点的游客，建议挑选两三个重点景区游玩；要是假期充足，且比较有体力的话，可以安排多次前往钟山风景区各景点。如自驾前往，特别是假期，做好拥堵严重且停车困难的心理准备。地铁2号线苜蓿园站及下马坊站，4号线岗子村站，都是游客去钟山游览最方便到达的地铁站点。

　　内部交通：

❶ 观光小火车：地铁2号线苜蓿园站、下马坊站都设有观光小火车，10元一次，30元无限次，可以通往景区里的所有景点。景区内部多处设有观光车站点，可方便游客随时乘坐。留意运营时间为7:00~18:00。

　　具体线路：明孝陵（苜蓿园）停车场—中山陵，经过四方城、美龄宫、明孝陵博物馆、海底世界；中山陵停车场（现东沟停车场）—中山陵；灵谷寺—中山陵；明孝陵金水桥—中山陵；中山陵停车场—金水桥；中山陵停车场—灵谷寺；灵谷寺—金水桥。

❷ 租用电瓶车：苜蓿园地铁站3号入口附近有电动车可出租，价格30~50元不等。注意佩

钟山风景区内部交通示意图

明孝陵　中山陵　孙中山纪念馆　灵谷塔
中山陵停车场　中山书院　无梁殿
景区小火车起点站　音乐台
景区小火车终点站
梅花研究中心

戴头盔安全骑行。

❸ 观光索道：游客可以乘坐景区的紫金山观光索道登上顶峰。它起自钟山西麓地堡城，途经苍茫林海，只需花上半个小时即可抵达海拔425米的山顶头陀岭景区。这里的白云亭是整个钟山风景区的最佳观光点，在此处俯瞰南京山川，周边景点尽收眼底。

行程推荐　智慧旅行赛导游

　　钟山风光一日游线路分为东线游和西线游两条线路，如果时间允许的话，可以两条线路一起游览。

　　东线：中山陵（牌坊—陵门—碑亭—祭堂）—音乐台—孙中山纪念馆—灵谷景区（"大仁大义"牌坊—无梁殿—志公殿—三绝碑—松风阁—灵谷塔—灵谷寺—邓演达墓—谭延闿墓）。

　　早上乘车来到中山陵，按照顺序依次游览牌坊、陵门、碑亭和祭堂等景点；然后从博爱坊出来，行走不远即可参观著名的音乐台；参观完毕，沿着景区道路依次参观光华亭、中山书院和孙中山纪念馆等景点。至此中山陵主体景区参观完毕。

　　从孙中山纪念馆出来后，往南经过仰止亭、流徽榭等景点到达灵谷景区，按照游览顺序依次参观"大仁大义"牌坊、无梁殿、志公殿、三绝碑、松风阁、灵谷塔、灵谷寺、邓演达墓和谭延闿墓等景点。

　　西线：翁仲路神道—金水桥—明孝陵陵宫（文武方门—碑殿—享殿—内红门—升仙桥—方城明楼—宝顶）—紫霞湖—定林山庄—梅花山—梅花谷。

　　早上从景区南边的明陵路长驱直入参观明孝陵，穿过翁仲路神道、棂星门、金水桥进入明孝陵主体景区，依次游览文武方门、碑殿、享殿、内红门、升仙桥、方城明楼、宝顶等景区。

　　参观完毕，从文武方门出来往北走即可参观紫霞湖和正气厅等景点。离开紫霞湖和正气厅后，穿过定林山庄、颜真卿碑林之后，来到梅花山和梅花谷游览。

专题
南京赏春

钟山风景区为国家 5A 级旅游景区和世界文化遗产所在地。这里历经千年而郁郁葱葱，钟灵毓秀。景区不仅自然风光秀丽多姿，而且人文底蕴极为深厚。景区的梅花山植梅数千株，品种繁多，春季梅花盛开之时，繁花满山，香飘数里。此外，古老的明孝陵、妩媚多姿的紫霞湖、繁花似锦的中山植物园等都是不可错过的观光胜地。

赏梅花

梅花是南京的市花，欣赏梅花的绝好地方是钟山风景区的梅花山。梅花山面积目前已达 1533 亩，梅树 35000 余株，品种 350 多个，其中国际登录的梅花品种有 120 个。每年 2 月初，"南京早红""单瓣早白""红冬至"等早花品种陆续开放。而随着温度的逐渐回升，更多品种的梅花在 2 月底到 3 月初集中绽放，呈现出花海如潮的景观，而花期也将持续到 3 月中下旬。

赏二月兰

每年3月，大片大片盛开的二月兰，是春天最灿烂最抢眼的"代言人"。二月兰是野生野长的山花，不需要太多的阳光和雨露，就可以长成一大片花海。绽放时节，绿叶、花海、蓝天交织在一起，紫金山上顿时变成了一片蓝紫色的海洋，成为一道美丽的风景线。另外，南京理工大学（孝陵卫校区）、绿博园、江心洲等地也是欣赏二月兰的好地方。

赏樱花

想看成片的樱花，首推明孝陵景区内的中日友好樱花园以及鸡鸣寺樱花大道。每年春天，樱花怒放，吸引了大批的摄影爱好者。

赏玉兰

玉兰花为我国特有的名贵园林花木之一，是落叶乔木观赏花，有白、紫两种。白玉兰俗称"望春花"，和紫玉兰一样均在每年3月开花。在南京各高校、公园、道路和小区都有玉兰花的踪迹。值得一提的是，中山植物园的玉兰花有16种，而且里面所栽培的玉兰花大部分都有故事，比如有千年历史的天目木兰，同属国家二级保护植物的宝华玉兰，以及蔷薇园里通过杂交培养的紫玉兰等。

明孝陵景区

宏伟壮观的明陵之首

@红薯卷心菜 明孝陵，历经沧桑现仅余残垣断壁，仿佛还能看见朱元璋泪雨血河、金戈铁马的一生，还能看见危难时候不离不弃的马皇后……静静的一道门深邃悠远，记载着曾经多么辉煌灿烂的岁月，像一滴水汇入历史的长河……

@十月的木头人 对于明孝陵的期待原本只在于神道，而一路风景甚好，红墙黄顶，明楼的每一块墙砖都雕刻着制造者和监制者的姓名，满载历史的遗迹。反复观赏中，让人不得不佩服古代工匠建筑技艺的伟大。

门票和开放时间

门票：70元（包括明孝陵、梅花山两个景点）。

开放时间：7:00~17:30（12月—次年1月），6:30~18:30（2月—11月）。

最佳旅游时间

游览明孝陵景区四季皆宜，冬末至春最佳。1~2月明孝陵景区梅花山的梅花纷纷盛开，红白交映，历史的遗迹在这样的景色下更显沧桑厚重；3~5月景区内成片的樱花盛开，草木葱郁，风和日丽，这时来参观古迹别有一番风味；9~11月景区内银杏叶、枫叶飘落，金灿灿的枫叶与红色的城墙交相辉映，景色格外妖娆。

进入景区交通

位置：南京市东郊紫金山南麓。

地铁：市内搭乘地铁2号线到苜蓿园站或下马坊站下车，步行约1千米即到。

景点星级

人文★★★★　美丽★★★★　特色★★★　休闲★★★　浪漫★★　刺激★★

明孝陵坐落在紫金山南麓独龙阜玩珠峰下，东毗中山陵，南临梅花山，是明朝开国皇帝朱元璋与马皇后的合葬陵墓。陵区布局宏伟，规制严谨，纵深2.6千米，陵垣周长达22.5千米，是南京地区建筑规模最大的帝王陵寝、中国古代最大的帝王陵寝之一，也是南京唯一的世界文化遗产。

明孝陵景区名胜众多，风光秀丽，人文景点错落分布，主要包含下马坊遗址公园、前湖公园、四方城、神道、梅花山、明孝陵等景点。整个景区面积156.7万平方米，是游古览胜的佳地。

❶ 下马坊遗址公园

下马坊遗址公园位于南京中山门外、南京农业大学卫岗校区北门，总面积20公顷，是明孝陵的起点，也是进入明孝陵景区的首个通道。明朝时，此处曾设有军事机构"孝陵卫"，并有精兵驻扎以保卫孝陵的安全。

下马坊是公园的标志性建筑，为两柱冲天式，不高却很有气势，坊额横刻"诸司官员下马"。其四周葱绿环绕，古朴中透着清秀。公园玲珑精致，保存完好的古代建筑掩映于湖泊、亭台、小桥、花草之间，处处可见，一步一景。在喧嚣的闹市中，文化与生态相结合的下马坊公园独处僻静的一隅，散发出独特的魅力。

链接 孝陵卫的由来

现今下马坊遗址公园所在的地名叫孝陵卫，它的历史可以追溯到600多年前。明朝时的"孝陵卫"是一支精锐部队的番号，其地位堪比京城内的皇家卫队。由于此地位于孝陵的入口，是皇家禁地，皇室特设立军事机构"孝陵卫"，并派6000"孝陵卫"精兵把守；除此之外，明朝还特别规定文武百官到此必须下马步行，于是便有了现在下马坊和孝陵卫的地名。

点赞 👍 @秋雨千寻 公园的环境很好，交通非常便利。公园内有个观音壁的大殿，那里的布景比较漂亮。大殿前面有放生池，池里有鱼、莲花、假山、石浮萍，人可以从石浮萍上走到水的那一边。大殿内的观音壁前面还被附近的游客供奉上了香炉，不时有人来上香和祈福，让人感觉这里充满了灵气。

Follow Me 南京深度游

❷ 大金门

大金门，位于下马坊西北 750 余米处，是孝陵的第一道正南大门。大金门原为黄色琉璃瓦重檐式建筑，现仅存砖石砌筑的墙壁。其下部为石造须弥座，面阔 26.6 米，进深 8.1 米，墙壁辟有 3 个券门洞，中门较高为 5.1 米，左右两门高 4.2 米。

❸ 神功圣德碑及碑亭

神功圣德碑及碑亭，位于大金门正北 70 米处，是明成祖朱棣于永乐十一年（1413 年）为朱元璋歌功颂德所建。神功圣德碑亭为砖石砌筑，原结构已无顶部，现仅存四壁，每壁各有一个宽 5 米的拱形门洞，外观如一个城堡，平面呈正方形，故俗称"四方城"。碑亭内置朱棣为其父朱元璋所立的"大明孝陵神功圣德碑"。

棂星门：门已不存，仅存石柱础 6 个。原为三开间的建筑。

御河桥：石砌桥，原为 5 孔，现存 3 孔，桥基和河两边驳岸的石构件均是明代原物。

宝顶

方城明楼
享殿
碑殿
文武方门 ❺

金水桥

棂星门 ❼ 观梅轩
石人4对
梅花山
孙权墓
神道 ❹
石像12对 御河桥 ❻ 红楼艺文苑

❽ 前湖公园
王门
神功圣德碑及碑亭 ❸
大金门 ❷

梅花谷公园
前湖
惟秀亭
四方城公园

梅花湖

下马坊遗址公园 ❶

明孝陵景区示意图

040

在四方城东南约 100 米的山谷里躺着一只石龟，被称为明孝陵的"第三大谜团"。石龟的头朝向山谷的出口，距龟趺 30 米处，有一碑材横卧于地面，碑材两端有榫，其中一榫正好是插入龟趺背上孔槽的尺寸。这说明它们属配套的一件文物，即"龟趺驮碑"。这件文物位于明孝陵大金门内、孝陵神功圣德碑亭之东，两者处于同一直线上，时代相同，体量庞大，但碑上却无刻文。在明孝陵建造之初，它是用来做什么的呢？文物专家至今没有解开这个谜。

❹ 神道

四方城向西北行约 100 米过御河便进入明孝陵神道。明孝陵神道依地形山势建造布局，将建筑与地形地势完美结合，蜿蜒曲折，是历代帝陵神道中唯一不呈直线形的神道。并且，在神道每一段的节点处都安放有石像，营造出一派肃穆的景象。

神道由东向西北延伸，两旁依次排列着狮子、獬豸、骆驼、象、麒麟、马 6 种石兽，每种 2 对，共 12 对 24 件，每种两跪两立，夹道迎侍。石兽尽处，神道折向正北，由南往北排列着的是 8 个石人，其中 4 个文臣、4 个武将，人称石翁仲。文臣身穿朝服，端庄肃穆；武将披甲戴盔，威武雄壮。神道边的石像，体现了明代石雕艺术的高超技艺。

明孝陵神道两旁种植有很多银杏树和乌桕红。每当秋意阑珊的时候，扇子般的银杏树叶一夜之间便换上金黄色的衣衫，或挂在枝头，或随风飘舞，或降落满地，这里便成为南京最著名的秋景，是摄影爱好者捕捉南京美丽秋景的又一好地方。

❺ 明孝陵

神道之后便是明孝陵主体建筑，包括文武方门（即正门）、碑殿、享殿、大石桥、方城、明楼、宝顶等。

文武方门是孝陵的正门，上方悬挂长方形门额，竖书"文武方门"4 个鎏金大字。碑殿为孝陵享殿前的中门，南北正中各开一门，亭内立有 5 块碑刻，正中有一块大石碑，上面刻有康熙皇帝所题"治隆唐宋"四字。"治隆唐宋"碑左右各立乾隆诗碑一块，刻载康熙两次谒陵的情景。

碑殿之后是享殿。大殿基前后各有 3 道踏垛，原殿中供奉着朱元璋及马皇后的神位，现尚存 6 块浮雕云龙山水大陛石。享殿现为"明孝陵史料陈列室"。享殿后面是一座全部用大条石筑成的大型建筑——方城。方城正中为一个拱门，拱门内是一条深长的隧道，由 54 级石阶组成，出隧道分左右石阶，向南即可登上明楼。明楼俗称"马娘娘梳妆台"，南面开拱门 3 个，东、西、北三面各开拱门 1 个，楼内地面用方砖铺地，现仅存四壁。

方城之后就是宝顶，正面的石壁上横刻着"此山明太祖之墓"七个楷书大字。宝顶是一座近似圆形的小丘，直径 325~400 米，四周围有砖墙，墙以条石作基础，依山就势而筑。宝顶之上，树木参天；宝顶之下，便是明太祖和马皇后的地宫所在。

明孝陵建于明洪武十四年（1381 年），翌年马皇后去世，葬入此陵。因马皇后谥"孝慈"，故陵名称"孝陵"。洪武三十一年（1398 年），朱元璋病逝，启用地宫与马皇后合葬。至明永乐十一年（1413 年）建成"大明孝陵神功圣德碑"，整个孝陵建成，历时 30 余年。明孝陵在清代曾受到过多次重创，尤其是清代咸丰年间的战火几乎让明孝陵的地表建筑毁于一旦。同治三年（1864 年），曾国藩曾奉诏着手修复明孝陵。2000 年，明孝陵入选世界文化遗产。

❻ 红楼艺文苑

　　红楼艺文苑位于风景秀丽的钟山脚下，1997 年建成，是一座以如诗如画的实物场景反映《红楼梦》艺术风格的现代造型艺术馆。艺术馆以植物造景为主，选取《红楼梦》中有代表性的人物和景观点缀其间，以期能将《红楼梦》中所叙意境展现于人间，达到赏心悦目的艺术效果。

　　艺术馆内按书中描述还建有太虚幻境、潇湘馆、海棠吟社等景点，其中暗香阁布置成"曹雪芹《红楼梦》史料陈列馆"。陈列馆中图文并茂，史料翔实。

7 梅花山

梅花山位于明孝陵正南，因山上遍植梅花而得名。山上植梅数千株，品种繁多，大量栽植了猩猩红、骨里红、照水、宫粉、跳枝、千叶红、长枝、胭脂、玉碟、送春等珍贵品种。花开时节，暗香浮动，梅花山也因此被誉为"天下第一梅山"。

梅花山最珍贵的梅花品种当数"别角晚水"。"别角晚水"绽开时呈现一片淡玫瑰红色，浅碗状的花瓣层层叠叠，多达45瓣，内有碎瓣婆娑飞舞，十分漂亮，是梅花山的"镇山之宝"。

攻略

梅花山每年春季举办有"中国南京国际梅花节"，届时梅花山35000多株梅花竞相开放，漫山遍野，花海芬芳。山顶的观梅轩位置最佳，也是摄影的绝佳地点。

点赞 👍 对岸的烟花 真是百闻不如一见，早就听说梅花山的梅花很美，终于我也有机会来一睹这里的美景，确实是美不胜收的好景色。漫山遍野的花儿竞相开放，看上去一片花的世界，真叫人惊艳。我还兴致勃勃地边野餐边赏花呢，很有意境。

8 前湖公园

前湖公园位于梅花山西南面，是在中山陵景区湖区的基础上建设起来的。

公园中心是一个开放性的、富有勃勃生机的大草坪，环绕草坪的是一片片梅花树，湖畔曲折而行的明城墙犹如一幅沉重的历史帷幕，风景非常秀美。公园里还有一个品种丰富的植物园花卉温室，室内收集了2000余种热带植物，使整个公园充满了生机。

点赞 👍 @小烨烨 这里的环境很好，沿着城墙走可以欣赏湖光山色。湖边经常有人钓鱼，一副悠然自得的样子。

Follow Me 南京深度游

攻略

住宿 驴友力荐的住宿地

明孝陵景区与中山陵景区、灵谷景区、紫霞湖景区等多个景区相交相容，外地的游客想一天游览完这些美景，难免走马观花，可以选择在景区附近住一夜，第二天安排游览其他相邻景区。

地铁2号线苜蓿园和下马坊地铁站附近均有旅馆可供选择。如亚朵酒店（苜蓿园地铁站店）、布丁酒店（下马坊地铁站店）、怡莱酒店（南理工店）。

美食 饕餮一族新发现

明孝陵景区很大，但是提供用餐的场所并不多。景区内常见的是零食售卖部，出售袋装的泡面、面包，价格比外面高。建议去游玩的话可以自备一些食品、饮料。

如果想离主景区更近一些，位于明孝陵景区内的南京国际会议大酒店是个不错的选择。庭院式酒店环境优美，配套设施完善，餐饮种类丰富。

行程推荐 智慧旅行赛导游

明孝陵景区建议按以下线路游览：下马坊遗址公园—大金门、神功圣德碑及碑亭—神道—棂星门、御河桥—明孝陵—梅花山—前湖公园—返回。

明孝陵主体建筑可按以下线路游览：金水桥—文武方门—碑殿—享殿—方城—明楼—宝顶。

中山陵景区
浩气长存的孙中山之墓

微印象

@如宝 南京的中山陵，蓝色的屋檐、肃静的大道、天下为公的牌匾、孙先生的生平事迹……这一切都使中山陵带着不一样的味道。

@乡村摄影家 迎着曙光，我来到位于钟山的中山陵，陵墓设计庄严宏伟，站在祭堂前望着山下莽莽的松林，似乎能体会孙先生伟大的胸怀。

门票和开放时间

门票：中山陵景区免费开放，周一祭堂不开放，参观只到陵门（法定节假日除外）。美龄宫30元，音乐台10元。

开放时间：8:00~17:00。

最佳旅游时间

游览中山陵风景区全年皆宜，春秋最佳。3~5月去中山陵踏青是不错的选择，9~11月中山陵的秋季景色同样迷人。

进入景区交通

位置：南京市中山门外石象路7号。

交通：苜蓿园地铁站乘钟山景区观光1号线或下马坊地铁站乘观光3号线到终点站中山陵南站下。

景点星级

人文★★★★ 美丽★★★★ 特色★★★ 休闲★★★ 浪漫★★ 刺激★★

Follow Me 南京深度游

中山陵原名总理陵园，是伟大的革命先行者孙中山的陵墓，灵柩于1929年6月1日奉安于此。中山陵依山而筑，坐北朝南，西邻明孝陵，东毗灵谷寺，岗峦前列，屏障后峙，气势磅礴，雄伟壮观。整个中山陵景区面积共8万余平方米，包括中山陵、美龄宫、音乐台、孙中山纪念馆等景点。

❶ 中山陵音乐台

中山陵音乐台位于中山陵广场东南面，1933年建成，占地面积约4200平方米，是中山陵的配套工程，是纪念孙中山先生的重要场所。中山陵音乐台是世界上与大自然结合最紧密、最具特色的露天音乐台。

整个音乐台为钢筋混凝土结构，场地平面布局为半圆形。在半圆形圆心处设置一座弧形乐坛，乐坛正前方有一泓水池，用以汇集露天场地的天然积水，增强乐坛的音响效果。乐坛两侧设有台阶与花棚衔接。乐坛后面为一堵汇集音浪的大照壁，照壁坐南朝北，用以汇集音响。坡状扇形大草坪为观众席，可容纳3000人，草坪周围绕以水泥回廊可供游客休息。

攻略

中山陵音乐台饲养有许多白鸽，它们悠闲地在音乐台漫步、展翅，也与游客亲近。游览音乐台时可以与它们嬉戏合影，也可以在景区内购买安全的饲料喂食这些可爱的小家伙。

❷ 中山陵

中山陵的主要建筑有牌坊、墓道、陵门、石阶、碑亭、祭堂和墓室等，它们排列在一条中轴线上，体现了中国传统建筑的风格。

博爱坊是陵墓的入口，高大的花岗石牌坊上有孙中山先生手书的"博爱"两个金字。石坊后是长长的墓道。墓道两边种植有雪松、桧柏、银杏、红枫等树木，它们两两相对，代替了古代惯用的石人石兽，象征着孙中山先生的革命精神和高尚品质。

墓道尽头的陵门是一座雄伟的三拱门，门额上为孙中山手迹的"天下为公"四个大字。陵门后是碑亭，立有一块孙中山助手、民国书法家谭延闿手书的碑石。

拾级而上，便是祭堂和墓室，是中山陵的主体建筑。祭堂建有三道拱门，居中的门楣上端，有孙中山手书的"天地正气"四字直额。堂中有中山先生大理石坐像，高4.6米，高大肃穆。墓室直径18米，高11米，地面用白色大理石铺砌。中央是长形墓穴，上面是孙中山先生汉白玉卧像，下面安葬着孙中山先生的遗体。

中山陵景区示意图

议政亭

永慕庐

祭堂

④
孙中山纪念馆

碑亭

③
中山书院

陵门

博爱坊

②

国民革命历史图书馆

商业街

光华亭

游客中心

仰止亭

中山陵音乐台

①

行健亭

永丰社

滑道游乐园

流徽榭

陵园路

美龄宫

链接　中山陵台阶之独特设计

　　中山陵依山而建，祭堂位于钟山的半山腰处，从博爱坊到祭堂总共有 392 级台阶，高差约 70 米，平面距离 700 米。如从碑亭数起则有 290 级台阶。中山陵的建筑师吕彦直为避免单调，将这 392 级台阶分作 10 段，每段 1 个平台，总计有大小 10 个平台。最妙的是，从下向上看时一望到顶，石阶连绵不断，不见平台；而从上朝下看时，却反而不见台阶，只见平台了。

点赞　👍 @纯之风　来南京不能不去钟山，到钟山不能不到中山陵。中山陵前临苍茫平川，后踞巍峨碧嶂，漫步于此，可感受伟人胸襟。

❸ 中山书院

　　中山书院位于中山陵东南面，原是孙中山先生进行学术研究的文化交流中心。书院为二层宫殿式建筑，坐北朝南，周围草坪植有桂花、茶花、梅花、龙柏、广玉兰、雪松等各类植物，环境清静、幽雅。

　　中山书院一楼正厅安置有一尊孙中山先生半身像；西厅分类陈列有各种版本的孙中山著作、孙中山研究的学术著作和中山陵文史书刊等，墙壁上悬有孙中山各个时代的大型照片；东厅则陈列了中山陵园收藏的书画精品。书院二楼为会议接待厅，其间不间断地播放着孙中山先生生前的演讲录音。

攻略

　　中山陵景区中许多景点都是花草繁茂，风景秀丽，尤其是中山书院。除了参观书院本身，还可在中山书院欣赏桂花、茶花、梅花等各种鲜花，草木葱郁，花团锦簇，将古朴的建筑与生机盎然的草木一同摄影拍照，效果更佳。

❹ 孙中山纪念馆

　　孙中山纪念馆原名藏经楼，位于中山陵与灵谷寺之间的密林中，是一座仿清代喇嘛寺的古典建筑。纪念馆楼前广场正中的花台上竖有一尊高2.6米的孙中山先生全身铜像，以孙中山向民众发表演说的姿势为造型，气势磅礴。纪念馆内珍藏有孙中山先生的经典著作和奉安照片等珍贵史料。楼后有一条长达125米的碑廊。

点赞　👍 @哆大点事 Aries 咏　一进孙中山纪念馆，就可见这座宫殿式建筑，黄、绿色相间的琉璃瓦，饰着紫铜回轮华盖。馆内四大展览室装饰精美，设计新颖，展示了中华民国建国史及现代名家艺术品。中山公园环绕馆外，九曲桥、池塘、假山、柳树点缀于其间，景色很好。

灵谷景区

钟山第一禅林

微印象

@寒塘渡月 大雪后的灵谷寺，不见人踪，清冷寂寥，颇得灵谷松雪之意。年迈的僧人不紧不慢地扫着阶前雪。院里，花猫两只，钟磬一声，紫烟半缕。四下闲步，想扫扫暮雪，找寻属于我的那一隅净地。

@九毫 紫金山下的灵谷寺，历史悠久的寺庙中供奉着抗日战争中牺牲的国民革命军的灵位。在这秀丽的山景中，无数的历史随风而去。经历了风风雨雨的灵谷寺，就像一位久经风霜的老人，用沧桑的眼神望着这片大地。登上灵谷塔，游人可以一览紫金山下全景。

门票和开放时间

门票：景区套票35元。

开放时间：7:00~17:30（12月一次年1月），6:30~18:30（2月—11月）。

最佳旅游时间

游览灵谷景区四季皆宜，春秋最佳。3~5月景区内古树苍郁，风景优美；9~11月，景区内种植的桂花盛开，浓郁清新，金灿灿的一片，值得观赏。

进入景区交通

位置：南京市玄武区灵谷路2号。

交通：市区乘坐202路公交车终点站灵谷寺公园下车可到。

景点星级

人文★★★★ 美丽★★★★ 休闲★★★ 浪漫★★ 特色★★ 刺激★

灵谷景区位于钟山东麓，面积约 4.83 平方千米，是六朝名胜荟萃之地。明太祖朱元璋建明孝陵时，将原位于钟山西麓的六朝名刹开善寺移迁于此处，并将其更名为灵谷寺，该寺号称当时的"天下第一禅林"。1928 年，国民政府为了纪念在北伐战争中牺牲的数万将士，又在灵谷寺旧址上修建了国民革命军阵亡将士公墓。由于历史的原因，人们仍通称这一片风景区为灵谷景区。

景区内古木参天，曲径通幽，有"灵谷深松"这一古称，是金陵四十八景之一。人文建筑和山水胜景相互掩映的郁葱林海中，众多名胜古迹遍布，有无梁殿、松风阁、灵谷塔、志公殿、三绝碑等，名人墓葬有邓演达墓、谭延闿墓等。每至深秋，林间叶红如火，桂花飘香，色彩斑斓，景色迷人。灵谷景区的秀美景色呈现出六朝文化、明代文化、民国文化和生态文化等多种风光特色，是品味历史、赏桂休闲的好去处。

❶ 无梁殿

无梁殿建于明洪武十四年（1381 年），是我国最古老、规模最大的一座拱券结构建筑。大殿东西长 50 米，南北宽 34 米，殿顶为重檐九脊，盖灰黑色筒瓦，正脊上竖三个喇嘛塔。殿内是砖砌的券洞穹窿，五间三进，每间一券，侧面三进各为一纵列式大筒券，整个大殿无一根梁柱，令人称奇。

1928 年，无梁殿作为国民革命军阵亡将士公墓祭堂，四周嵌 110 块青石碑，镌刻北伐阵亡将士姓名共 33224 人。无梁殿内还设置有辛亥革命名人蜡像馆，展出了以孙中山为首的 57 位民国名人，组成 22 组场景，再现了辛亥革命时期的重要人物和历史事件。

| 点赞 | 👍 @Joyous 贰零壹叁 在灵谷景区突然感觉到一种沉重感，这种沉重感并不来源于明朝的历史，而是因为那些牺牲了的爱国志士。 |

❷ 灵谷塔

　　灵谷塔位于无梁殿后方，建成于1933年，现为阵亡将士纪念塔。灵谷塔平面为八角形状，高66米，塔底层直径14米，顶层直径9米。每层都以绿色琉璃瓦作披檐，外有走廊，围以石栏，便于游人凭栏赏景。塔顶覆盖绿色琉璃瓦，飞檐翘角，正中塔尖上竖有镀金相轮，金光灿灿，炫人眼目。

　　塔内正中有钢筋水泥螺旋形扶梯，直上九层，共252级。一层石阶正中有一幅长5.8米、宽2.8米的白色花岗石雕"日照山河图"；二层至四层的内壁上刻有书法家于右任所书的孙中山先生在黄埔军校的北上告别辞，字体洒脱如泻，奔腾似龙。灵谷塔每层每面有门通至环绕塔外的平座，游人于此可鸟瞰景区风光。

攻略

　　游览灵谷塔必直上九层，登临塔顶。于塔顶极目四野，爽风万里，远方山峦起伏，近顾林海松涛。塔下诸景环抱，四时皆景，春日嫩绿如绒，夏季苍翠欲滴，秋色金黄交映，冬景莽莽似烟。

❸ 宝公塔

宝公塔位于灵谷塔西南侧林中，是南朝高僧宝志和尚的舍利塔。如今塔中灵骨石棺均遭毁坏无存。塔前嵌有一黑色石碑，叫作三绝碑。碑上刻有唐代画家吴道子所绘的宝志像、大诗人李白所作的像赞以及唐代著名书法家颜真卿书写的赞词。由于屡经劫难，碑文现已难以辨认。宝公塔后保留有志公殿，为三间青砖青瓦屋，殿内供奉宝志像。

链接　高僧宝志

宝志又称志公，是南北朝时期的宋朝人。宋元嘉十三年（436年），传说他生于建康东阳（今南京栖霞区东阳镇）一株古树的鹰巢中，一位朱姓妇女去井边汲水，听见树上有孩子的啼哭声，便将孩子带回去抚养，所以后人传说宝志生有一双鹰爪般的手。宝志7岁出家于道林寺，成年后方显灵迹。他常手持一锡杖，赤足行于街市，为人预卜未来征兆。

❹ 灵谷寺

灵谷寺位于宝公塔后方，是一座黄墙碧瓦的寺庙，寺内依次分布有天王殿、大雄宝殿、藏经楼等建筑，与传统寺庙布局相似。值得一提的是寺庙东院的玄奘法师纪念堂内供奉有玄奘大师顶骨舍利，这是我国佛教界的至宝。

大雄宝殿为灵谷寺正殿，中间高台座上一尊主供释迦牟尼佛，鎏金装彩，阿难、迦叶侍奉左右。东西两侧贴壁而立二列像设，一列为十八罗汉，一列为二十诸天。东跨院的正厅就是玄奘法师纪念堂，里面陈放着六面七级飞檐翘角檀香宝塔一座，塔内安放着玄奘法师的部分顶骨。

> 点赞　👍 @天禾又 来灵谷寺正好赶上阵雨，站在山顶，放眼望去，春雨滴滴，林海茫茫，伞花朵朵，一身疲乏随风飘走！

❺ 桂林石屋

桂林石屋位于灵谷寺与中山陵之间的高阜处，原是民国政府主席林森的别墅。古代时，此处就桂树繁生，称为桂岭，1931年增植桂花后称之为桂林石屋。此处环境幽雅，游人少至，是景区内唯一一处战争时遭日军摧毁未修复的纪念性建筑。

原石屋共有两层，一层正屋，一层地下室。抗战期间，桂林石屋毁于战火，仅存石螭首、望柱、碑额等残垣断壁。

> 点赞　👍 @自然卷娃娃 桂林石屋，远望、近观、身处其中，感受各不相同。因为此处偏僻，所以游人很少，残垣断壁自有一种宁静凄凉的美。

⑥ 谭延闿墓

谭延闿墓位于灵谷寺东侧,起点由八功德水龙池和"灵谷深松"碑经两段墓道延伸至墓地。墓地面积辽阔,风景怡人。

墓地的正前方是一座花岗石砌的椭圆形莲花池,内植睡莲。草坪上对称布置着汉白玉华表、石狮、花盆等,其造型精美,是圆明园的遗物。穿过草坪,水泥的平台阶陛上镌刻有九福花纹。平台正中即是墓包,葬有谭延闿的骨灰罐。

链接 谭延闿

谭延闿(1880—1930),湖南茶陵人,字组庵、组安。清光绪进士,授翰林院编修。1907年(光绪三十三年)组织湖南宪政公会,主张君主立宪。1909年(宣统元年)被推为湖南谘议局议长。1912年加入国民党,任湖南支部部长。1924年起,先后当选国民党中央执行委员、常委。历任国民革命军第二军军长、广州国民政府常委、国民党中央政治委员会主席。1928年一度被推为南京国民党政府主席,后任国府委员兼行政院院长,病死任上。

⑦ 邓演达墓

由灵谷寺向东行不远,还有一座肃穆幽静的陵墓。这里埋葬着杰出政治家、军事家、思想家、中国农工民主党创始人邓演达烈士。

邓演达墓园宏伟宽敞,幽静肃穆。墓前是一片开阔的绿草地,中间有十字形的水泥甬道将草坪对称分割,甬道尽头的水泥平台中央是邓演达的墓包。墓前竖有一块花岗石墓碑,墓碑的背面,刻有中国农工民主党中央委员会撰写的碑文,记述了邓演达烈士的生平事迹。

链接 邓演达

邓演达(1895—1931),国民党左派主要领导人之一。字择生,广东归善(今惠州)人。早年参加同盟会和辛亥革命。1926年起任黄埔军校教育长、国民革命军总司令部政治部主任等职。1927年四一二反革命政变后流亡欧洲,并与宋庆龄等在莫斯科发表宣言,主张继承孙中山遗志,继续与新旧军阀势力作斗争。1930年回国后,主张在中国建立以农工为中心的平民政权,并秘密组织黄埔革命同学会,策动武装反对蒋介石。1931年8月在上海被国民党当局逮捕,11月在南京被秘密杀害。

美食 饕餮一族新发现

　　深松居素菜馆：一家位于灵谷景区内最东边的著名的素菜馆，供应素食斋饭。该素菜馆选料素淡，做工精细，口味鲜美。他家的素烧鹅口味不错，分量十足，素面也好吃有嚼劲。店内服务生服务周到，态度好。

娱乐 城市魅力深体验

　　灵谷景区内遍布民国要人谭延闿和邓演达等人的众多墓地，墓地形制宏伟，庄严肃穆。
　　灵谷景区的桂花专类园内广植桂花，每到秋季千树万树桂花竞相绽放，香气馥郁芬芳，是金秋时节游览、拍照、赏桂花的好去处。

行程推荐 智慧旅行赛导游

　　灵谷景区建议按以下线路游览：红山门—无梁殿—金陵桂花王—松风阁—灵谷塔—宝公塔—灵谷寺—桂林石屋—谭延闿墓—邓演达墓—返回。

紫霞湖景区

钟山林海中的明珠

@快乐的哈哈兔 五一南京游，第二天最大的发现就是紫霞湖景区。它位于紫金山的山上，因紫霞洞而得名，让人想起《大话西游》中的紫霞仙子。这里水清景好，抬头仰望，天空一碧如洗，特别有意境。

@罗霄CUS 今天紫霞湖一游，那份沉静中的美丽让我震惊。对比之，此前去过的很多景点都失色不少。真的是最美好的往往就在身边，就看你能不能发现它并珍惜它，享受它。

门票和开放时间

门票：免费。

开放时间：6:30~18:30。

进入景区交通

四季皆宜，春季最佳。3~5月景区植物萌发，生机勃勃，春意盎然，两岸的风景投映在一池碧水中，惹人喜爱。

进入景区交通

位置：南京市玄武区中山陵四方城2号。

交通：一般先乘车到达明孝陵景区，步行前往景区。

景点星级

美丽★★★　人文★★　特色★★　浪漫★★　休闲★★　刺激★★

紫霞湖景区位于钟山南麓，面积为22.25万平方米。景区内层峦叠嶂，林木青翠，水光潋滟，悦人心目。该景区包括紫霞湖、明东陵遗址公园、定林山庄和颜真卿碑林等景点，湖光山色，云天倒映，是人们避暑纳凉的旅游佳地。

❶ 明东陵遗址公园

明东陵是明代开国皇帝朱元璋长子朱标的陵寝，位于孝陵陵宫东垣以东约60米处。护陵御河从东陵以东流经孝陵陵宫前的金水桥下，将孝陵和东陵环绕在同一陵御内。东陵陵寝原由陵园、陵寝大门、享殿前门、享殿以及地宫等建筑构成。陵寝围墙平面前尖后方，呈龟背形，格局特殊。但此处历史上曾历经战火，现已难觅当年雄伟的建筑。

在此遗址建立的公园是第一座帝王陵遗址公园。公园对神道、陵门、享殿、寝园、排水设施、宝顶等珍贵文物进行了维修和完善，并在周边广种树木，因此这里松柏成荫，郁郁葱葱。

链接　明东陵的由来

朱标（1355—1392），明太祖朱元璋的嫡长子。因他先于朱元璋去世，故未即皇帝位，谥曰"懿文太子"。明太祖死后，其孙朱允炆即位，遂追尊其父朱标为"明兴宗孝康皇帝"，简称"孝康帝"。"靖难"之后，明成祖朱棣又贬其为"懿文太子"。明安宗即位后，才最终恢复了朱标的帝号，让他陪葬于南京明孝陵，即"明东陵"。

点赞　👍 @阿八 相较各地人潮汹涌，明孝陵算得上幽静安宁了，总算有心旷神怡的舒适感了。特别是明东陵遗址，虽断壁残垣，但原汁原味，地石上字迹依稀可见，宝顶也未修饰。这里着实是个怀古叹今的好去处。

❷ 定林山庄

定林山庄位于明东陵遗址的南面，是在原定林寺遗址上建立起来的为纪念北宋大政治家、文学家、诗人王安石而新建的一组仿古建筑群。山庄为一座曲廊围合的三进殿堂式庭园，布局精巧，玲珑雅致。

走进山庄，院内鲜花飘香，树木成荫，四壁围以高墙，南北两侧中间各有一个门。北门外是回廊，南门上端有一方石额，镌刻着南宋诗人陆游所书的"定林"两字。旁边的墙壁上留有陆游手书的石刻。北首的"昭文斋"中高悬着王安石纸本画像以及众多的名人字画，殿内设仿宋代木制座椅、茶几。2005年，定林山庄内加建了"钟山定林寺刘勰与《文心雕龙》纪念馆"。

❸ 颜真卿碑林

颜真卿碑林位于明东陵的北面，占地2500平方米。碑林分布有牌坊、门楼、颜真卿塑像、碑廊等建筑，均为仿唐代建筑艺术风格，庄重古朴，典雅雍容。其中，牌坊上"三教会宗堂"五字系颜真卿手迹，门楼上刻有"书星集萃"。碑廊内立碑近百块，石碑上雕刻的文字千姿百态，楷书、篆书、草书等一应俱全，除颜真卿书法外，还有现代中日两国书法家的作品等。

链接　颜真卿

颜真卿（709—784），字清臣，唐京兆万年（今陕西西安）人，唐代中期杰出书法家，与赵孟頫、柳公权、欧阳询并称"楷书四大家"，创立了"颜体"楷书。他与柳公权并称"颜筋柳骨"。

4 紫霞湖

由颜真卿碑林向北走，便是紫霞湖。紫霞湖位于明孝陵东北部，为一个深藏于山间林海中的人工蓄水湖泊，湖面面积约为50000平方米，用来汇聚钟山泉水，因其与紫霞洞相连而得名。紫霞湖湖水清澈，鱼翔浅底。周围林木葱郁，山清水碧，风景瑰丽，有"南京第一无污染湖"之誉。紫霞湖北侧的水榭倚园傍水，红柱白顶，栅窗拱门，石栏廊道，流畅简约，灵秀大气。水榭东南有一座假山，水榭与曲廊和假山之间是小小的一弯荷塘，夏秋时节，荷叶挺括，荷香清溢，为整个紫霞湖增色不少。

另外，紫霞湖旁建成有四个规格不一、风格各异的嬉水池，错落有致地散布在林间。同时这里还建有两条50米长的玻璃钢滑水槽用于娱乐，惊险又刺激。

小贴士

由于紫霞湖独特的地理环境、复杂的地形和变幻莫测的水温温差，使得这里成为溺水事件的多发地。湖边立有"禁止游泳"的警示牌，提醒游客在游玩的同时也需注意安全。

攻略

紫霞湖湖水清澈，里面生长很多野生鱼类，选一块树荫，一边拿着钓竿静静地等待鱼儿上钩，一边欣赏着湖上美景，好不惬意。另外，湖旁边有一个巨大的草坪，绿草茵茵，花团锦簇。游客可选择在阳光灿烂的日子，邀上三五好友，带上帐篷，来享受这美好的时光。

点赞 @雪若碧阳 南京紫霞湖，青山绿水，鸟语花香，诗词画作，千年古韵，就连我这一俗人也能陶醉于其中。站在湖边，闭上双眼，张开双臂，任山风吹乱了秀发，万木遮不住我的视线，这样的惬意放纵让我清晰地嗅到了春天的味道。

5 正气亭

正气亭坐落在紫霞湖北岸的半山坡上，建于1947年。亭为方形，边长7.7米，钢筋水泥结构，重檐攒尖顶，上盖蓝琉璃瓦，下为苏州花岗石基座，彩绘顶梁，金碧辉煌。亭后花岗石挡土墙中央镶嵌着一块碑刻《正气亭记》。

紫金山天文台

中国现代天文学的摇篮

微印象

@广寒 紫金山天文台给我的记忆最初是留在小学课本上的,尔后无数次从它脚下经过,守在家门口的景致却一直没有拜访。今日登程,不虚此行,我又找到了一个极清幽的好处所。

@小治于小夕 中国天文学的许多分支学科以及遍布全国的天文台站大多从紫金山诞生、组建和拓展。也正是由于紫金山天文台如此特殊的贡献和举足轻重的地位,紫金山天文台,不仅标志着中国现代天文学研究的肇始,更被誉为"中国现代天文学的摇篮"。

门票和开放时间

门票:15元。

开放时间:8:30~17:00(4月—10月),8:30~16:30(11月—次年1月)。

最佳旅游时间

游览紫金山天文台全年皆宜。

进入景区交通

位置:南京市玄武区钟山第三峰北侧。

交通:地铁4号线到岗子村站下,沿山道步行约2千米到达。

景点星级

人文★★★　特色★★★　美丽★★★　休闲★★　浪漫★　刺激★

紫金山是钟山的别称，紫金山天文台位于紫金山第三峰，海拔250米，于1929年筹建，1934年9月建成，创建者是我国著名的天体物理学家余青松。紫金山天文台是一个综合性的天文台，从事物理、天体力学、射电天文、空间天文和实用天文等方面的研究工作，还进行天文卫星探测器的研制工作。

天文台目前开放的景点主要有古牌楼、图片展览馆和露天仪器展示区。登上紫金山还可登高俯览南京东郊风景区及市区美景。

点赞

👍 @善良的工人作家 来南京看望朋友，一起游览紫金山天文台，我被馆里的浩瀚宇宙所吸引，想起年轻时候的我曾酷爱天文学，但未能从事天文事业，颇为遗憾。

❶ 古牌楼

古牌楼是由我国著名建筑设计大师杨廷宝等设计建造的。牌楼为三间四柱式，覆盖着蓝色琉璃瓦，跨于高峻的石阶之上，建筑以梯道和栈道相连通，各层平台均采用民族形式的台基，外墙用毛石砌筑，朴实厚重，与山石浑然一体。

❷ 南京天文历史博物馆

南京天文历史博物馆位于紫金山天文台内，是我国第一座天文历史博物馆，馆内共分为三个展厅，众多翔实的资料和图片，形象地展示了天文学发展的历程和取得的成果，是对天文学历史的最好诠释，让人在惊叹之余，体会宇宙之浩瀚、慨叹人生之渺小。

链接   张钰哲与"紫金山"

张钰哲（1902—1986），福建闽侯人，天文学家，1950年后任紫金山天文台台长。担任台长期间，他主持小行星、彗星观测，轨道测定，摄动计算和轨道改进等研究，先后发现以"紫金山"命名的3颗新彗星。1986年逝世后，他的骨灰就深埋在紫金山天文台内，地面上没有任何标记。

❸ 露天仪器展示区

展览馆后面是露天仪器展示区，包括地球仪、古老的浑天仪和地动仪等，还有许多奇特的仪器，如刻有精美雕文的浑仪、形状奇怪的简仪、零件复杂的检测仪、饱经沧桑的石碑等。

其中，天球仪是东汉天文学家张衡发明创造的。此球仪球径1米，球面上嵌有1449颗恒星，沿袭了中国古代的星名和星座的划分；浑仪是中国古代天文学家在2000年前创造的；简仪是元朝天文学家郭守敬在浑仪基础上简化改进而成的，用以测量天体的赤道坐标和地平坐标，而且两者互不干扰；南侧日晷，白天可按日影测定时间。

攻略

紫金山天文台的太阳黑子运动观测台可供游客观测。通过望远镜近距离观测太阳，可以看到一个巨大的红色火球时刻都在喷发着火焰，火焰的中间还有许多黑色斑点，这就是科学上所说的太阳黑子。

攻略

景区交通 游遍景区不犯愁

　　天文台位于紫金山第三峰北侧，游客可以沿着小石头铺就的狭窄盘山路缓步登山。道路两旁风光美不胜收，尤其是栽种的竹子修长翠绿，四季青翠。共有以下几条线路：

游览目的	方式	路　线
经天文台路线	登山	太平门沿木栈道—龙脖子—天文台路—天文台—西马腰—沿登山道至山顶
		板仓街49号（中）小区围墙东侧—沿登山道—天文台路—天文台—西马腰—沿登山道至山顶
	索道	乘20、315路公交车到达山下索道站，由索道站乘缆车上山单程60元；或到达天文台后登山至山顶
不经过天文台	登山	樱驼村（钟山山庄围墙南侧）—横穿紫金山北防火道—沿登山道至山顶
		琵琶洲沿木栈道—龙脖子—紫金山索道停车场—华泰登山道—西马腰—沿登山道至山顶
		滑道游乐园西侧路口—中山书院—沿登山道经永慕庐至中马腰—山顶
		内环路东入口（马群北）—范鸿仙墓—东马腰—中马腰—山顶

娱乐 城市魅力深体验

　　来到天文台的门楼可以拍几张照片，这里留影很有讲究，最好站在门前的第九级台阶上，有着"九九归一"的美好寓意。

　　站在紫金山顶，眺望远处松涛似海，呼啸回转，汇聚山谷；北瞰澄江如练，征帆远去；南俯秦淮大地，沃野千里。居高望远，玄武湖、清凉山、明孝陵、梅花山，亭台楼榭，宫墙绿树，古都新姿，高楼广厦，尽收眼底。

中山植物园
我国四大植物园之一

门票和开放时间

门票：中山植物园分南北新老两个园区，南区新园区门票45元，北区老园区门票15元。

开放时间：8:30~17:00，周一闭园。

最佳旅游时间

游览中山植物园全年皆宜，春季景色最佳。3~5月，植物园鲜花盛开如一片缤纷的海洋，徜徉其中，使人心旷神怡。

进入景区交通

位置：南京市玄武区前湖后村1号。

交通：地铁2号线到苜蓿园站下，步行前往。

景点星级

美丽★★★★　人文★★　特色★★　浪漫★★　休闲★★　刺激★

　　中山植物园原名"中山先生纪念植物园"，始建于1929年，是中国第一座国立植物园。中山植物园坐落于钟山风景区内，背倚苍翠巍峨的钟山，面临波光潋滟的前湖，傍依古老壮观的明城墙，遥对闻名中外的中山陵。植物园总面积186公顷，植被茂盛，气候温和，融山、水、城、林于一体，风光旖旎。

　　中山植物园分为南、北两个园区。北园是我国中、北亚热带植物和药物的研究中心，拥有10个专类园；南园则以展示植物景观为主，收集活植物共3000余种，又名"江苏省中国科学院植物研究所植物博览园"，是一个独具魅力的旅游胜地，也是一个奥妙无穷的植物王国。

松柏园

自然小径

次生林地

青少年科技示范园

① 展览温室　红枫岗

药用植物园

蔷薇园

办公区

科研引种区

树木园

盆景园

② 禾草园

主大门

植物园分类系统园

盲人植物园　③

水生园　④

前湖

中山植物园示意图

❶ 热带植物宫

热带植物宫占地面积约 10000 平方米，其造型似三片晶莹的绿叶飘落在紫金山下和前湖之畔。热带植物宫分为三个区，主要收集热带地区植物 2000 余种。一区展示有热带果树、热带观赏植物 400 余种；二区展示有热带潮湿地区植物近千种；三区展示引自美洲、非洲和澳大利亚干旱半干旱地区的植物 600 余种。

热带植物宫地形塑造精巧，小品建筑丰富，精心设计的展示环境与茂盛葳蕤的热带植物互相依伴，营造出具有植物原产地特色的自然景观，展现了热带地区的美丽风情。

❷ 禾草园

禾草园位于中山植物园南园东侧，是国内第一家收集展示禾本科植物的专类园。禾草园以草坪和观赏草为主景，并对粮食作物、牧草、草坪草、观赏草以及其他禾本科植物种类等进行集中的展示。

禾草园分为矮墙小院区、草坪休闲区和品种展示区三个部分。矮墙小院区是由石砌矮墙与绿篱围合而成的小院落，是人们在生活中布置自家庭院的参考范例；草坪休闲区以大面积的草坪和乔木形成宁静、安逸的草地景观；品种展示区集中展示了国内外 100 余种不同种类的禾草植物。在这里，可以欣赏到中国东部独一无二的"四季常绿、四季花开"的草坪和地被植物景观。

> **点赞** 👍 @撞倒黄昏 行进在植物园都郁葱葱的草木之间，仿佛沐浴于清爽的香波之中，从听觉到视觉到感觉，一片舒坦。

❸ 盲人植物园

盲人植物园是国内首家、规模最大的盲人植物园。景区按照盲人的需求进行无障碍设计，设置盲道、护栏，并选择叶形奇特、质感鲜明、具有香气、树干和枝条光滑无刺的植物，使盲人可以通过触觉、嗅觉来认识植物，通过盲文和语音介绍学习和了解植物。

❹ 水生园

水生园位于前湖及周边的月牙池和溪流等区域，按照植物的生长习性和应用特点分为自然水生植物区、水生花卉区、水生经济植物区、湿生植物区和人工湿地生态工程展示区，展示了不同水生植物的风姿。

自然水生植物区位于前湖的南侧，沿湖的地方多种挺水、漂浮和沉水植物，错落有致，展示出自然的野趣。水生花卉区位于月牙池内及两侧湖岸，每到夏季，各色莲花开放的壮观场面让人大开眼界。水生经济植物区位于月牙池的东南，成片有序地种植着茭白、慈姑、荷藕等 30 余种经济植物。湿生植物区，位于月牙池的北部，呈现自然的湿地植物群落和景观效果。

> **点赞** 👍 @德林君 原产南美亚马孙流域的玉莲，硕大的绿叶、雍容华贵的花姿，不愧被称为水生花卉中的王者。水生园里风姿绰约的荷花、楚楚动人的睡莲……各色水生花卉争奇斗艳，让人大饱眼福。

攻略

景区交通 | 游遍景区不犯愁

　　景区规模较大，既可以选择步行体验近距离观赏植物的感受，也可以租用景区的电瓶车有选择地进行游览，价格60元/小时。

娱乐 | 城市魅力深体验

　　1.中山植物园植物品种繁多，仿佛一个植物大观园，不仅能欣赏到各种常规树木，而且能看到很多来自美洲、非洲和澳大利亚等地的颇具特色的树种，如外形似瓶子的"瓶干树"、树干能住人的"猴面包树"、储水达到3吨的"武伦柱"等。

2.中山植物园的花卉多姿多彩，拍摄可以选择在雨后，此时花朵上面有水滴，会显得非常娇嫩；或者选择多云的天气，可以通过仰拍的视角把蓝天白云作为照片的一部分，烘托花卉。拍摄时最好使用三脚架，因拍摄花卉时多使用长焦，轻微的抖动会使照片锐度不够。

3.植物园北园"爱情隧道"是避暑、看书、拍照的好去处，四周不知名的植物遮天连叶，恰在中间形成一个隧道般的真空带。夏天，由于绿荫环绕，里面很是凉爽。除此之外，在植物园北园西侧，还有许多绿荫环绕、小桥流水的美景。带着琴棋书画，在那儿消磨消磨时光，也是很好的选择。

行程推荐 智慧旅行赛导游

中山植物园建议按以下线路游览：水生园—盲人园—展览温室—禾草园—城市景观植物园—竹园—孢子植物区—经济植物展示区—森林休闲区—植物迷宫—返回。

第 2 章
夫子庙—秦淮河

夫子庙
江南贡院
乌衣巷
十里秦淮
白鹭洲公园
瞻园

南京深度游
Follow Me
★★★★
做旅行的向导书

微印象

@绿若芒草 一个人独自站在秦淮河边，景色很美。放空心灵，不知是一时间被这景色迷了眼睛，还是一刹那这颗心忽地暧昧不想清晰。"官柳动春条，秦淮生暮潮。楼台见新月，灯火上双桥。"遥望灯火朦胧的两岸风光，不知是明月装饰了临河的窗子，还是我装饰了它的梦！

@阳光中的鱼妈咪 烟花三月，小阳二下江南，游记南京之旅。一座充满故事的南京城，一条明媚烂漫的秦淮河，游玩间听着各种故事，品着各色美景，才觉得颇有意蕴。吃一口龙须糖，尝一遍"秦淮八绝"，秦淮河上看秦淮人家，夫子庙里拜孔夫子像，这里真是白天有白天的精彩，夜晚有夜晚的魅力！

门票和开放时间

门票：夫子庙30元，江南贡院50元，瞻园30元，李香君故居10元。

开放时间：全天开放。风光带上各景点开放时间见后面景点信息。

最佳旅游时间

游览夫子庙—秦淮河风光带全年皆可，元宵节前后最佳。每年元宵节时，夫子庙—秦淮河风光带各处彩灯悬挂，河上画舫穿梭，夜市如昼，景色迷人，热闹非凡。

景点星级

人文★★★★　休闲★★★★　美丽★★★　浪漫★★★　特色★★　刺激★

　　夫子庙—秦淮河风光带是南京市闻名遐迩的观光景区，集自然风光、山水园林、庙宇学堂、街市民居、乡土人情于一体。景区以夫子庙古建筑群为中心，以十里秦淮河为轴线，沿途风光美不胜收，点缀着数不尽的名胜佳景，汇集着说不完的轶闻典故。

　　作为南京城市最早的重要发祥地之一，夫子庙—秦淮河风光带蕴含了2000多年的南京城市发展的历史文化积淀。这里曾经富贾云集，青楼林立，画舫凌波，鼎盛之极，代表了南京历史上的繁华。现代夫子庙—秦淮河风光带是南京古色古香的旅游文化中心，也是集中体现古都风貌的游览胜地。

> **点赞** 👍 @青春协奏曲 这是夜晚的秦淮河，河上的灯星星点点地亮起，岸边的姑娘们打开暖房的窗，屋子里的热气便氤氲到河中心来，腾到上空，湿漉漉地罩到整条河上。雾气里，不知哪家的姑娘唱起了小曲儿，声音忽近忽远。莫不是听了这小曲的缘故，现在的我也如当年吴敬梓一样对月感怀。

秦淮水亭

秦淮水亭又名吴敬梓故居陈列馆，位于夫子庙—秦淮河风光带清溪河与秦淮河交界处。陈列馆分南、北两部分：南半部分为古桃叶渡遗址，因晋代大书法家王献之在此迎接过爱妾桃叶而得名；北半部分为吴敬梓故居，陈列其代表著作《儒林外史》的各种版本及图文史料等。

○东水关

○秦淮水亭

文正桥

●桃叶渡

平江桥

文源桥

十里秦淮

秦淮河是南京最大的地区性河流，被视为南京的"母亲河"，其中流经南京城内的一段被称为"十里秦淮"。

江南贡院○○贡院街
东西市场○
天下文枢坊○
●夫子庙○

贡院街

前往江南贡院大门前有一条长长的街道，这就是著名的贡院街。贡院街是夫子庙—秦淮河观光带中的一条集购物、美食、休闲、娱乐、人文于一体的长街。

瞻园

夫子庙

夫子庙是一组规模宏大的古建筑群，是供奉和祭祀孔子的地方，是中国四大文庙之一，也是中国最大的传统古街市。庙前的秦淮河为泮池，南岸的石砖墙为照壁，北岸庙前有聚星亭、思乐亭，中轴线上建有棂星门、大成门、大成殿、明德堂、尊经阁等建筑，另外庙东还有魁星阁。

白鹭洲公园

白鹭洲公园位于南京城东南隅，是城南地区最大的公园。园内水面约占全园总面积的 25%，水面以聚为主，亦聚亦分，迂回曲折，把全园陆地分隔成形状、大小各异的九片，使主要游览区都成水中之洲，或隐或显，似断若续，延伸不尽，形成视觉上的山重水复，回环蕴蓄，有层次有深度。

白鹭洲公园

乌衣巷

乌衣巷位于秦淮河南岸，三国时是吴国戍守石头城的部队营房所在地，因当时军士都穿着黑色制服，故以"乌衣"为巷名。后为东晋时高门士族的聚居区，东晋开国元勋王导和指挥淝水之战的谢安都住在这里。

乌衣巷

秦淮人家宾馆

王导谢安纪念馆

秦大士故居

秦大士故居位于夫子庙—秦淮河风光带长乐路 57 号。秦大士，清乾隆状元，精通诗、书、画，官至侍讲学士。故居现分东、中、西三路，西路四进，中路二进，东路三进。故居保存完好，门窗隔扇雕花精美，具有明显的清初建筑风格。

文德桥

秦大士故居

李香君故居

李香君故居

李香君故居坐落于秦淮河南岸钞库街 38 号，是明末清初"秦淮八艳"之一李香君的故居。故居是一座典型的清代河厅河房建筑，为三进两院格局，院内藤萝婆娑绰约，太湖石玲珑巧置，古风盎然。

武定桥

朱雀桥

中华门

夫子庙—秦淮河示意图

Follow Me 南京深度游

攻略

景区交通 游遍景区不犯愁

外部交通：

　　夫子庙秦淮河风光带景区较大，一般外部游客可乘地铁3号线到夫子庙站或武定门站，1号线到三山街站，均方便到达景区。

内部交通：

　　为保护夫子庙—秦淮河风光带的环境和人文气息，景区内禁止机动车通行，景区内交通基本以步行为主，另有人力车和画舫分陆上和水上游览搭乘。

❶ **观光人力车：** 夫子庙—秦淮河风光带的人力车师傅们，着清一色的黄袍马褂，手拉绿色带顶棚的人力车。人力车60元/人次，时长40分钟左右，除了可以代步在景区内游览观光，还可以请拉车的师傅做一下临时的导游，坐着黄包车听车夫讲解，可以听到很多典故，可以更加了解古都的历史。

❷ **秦淮画舫：** 夫子庙—秦淮河风光带内可以乘坐色彩华丽的画舫畅游秦淮河，全程约50分钟，白天60元/位，晚上100元/位。全程不仅有导游讲解，还可以饱览沿岸的名人故居、历史遗迹、著名桥梁、江南名园、秦淮灯彩等40余处景点和景观。登船位置为夫子庙泮池码头，开放时间9:00~22:00。

住宿 驴友力荐的住宿地

夫子庙—秦淮河风光带作为南京的主要景点之一，周围的住宿条件十分便捷，不同类型、各价位的酒店旅馆用以满足不同游客的需求。另外，风光带的风景亦是夜晚最佳，所以不妨选择一家称心如意的酒店旅馆入住，感受一下秦淮河畔夜晚的迷人风情。

名 称	位 置
金陵状元楼大酒店	夫子庙状元境9号
桔子酒店	秦淮区大石坝街26号
汉庭酒店	秦淮区大石坝街146号
三毛酒店式公寓	秦淮区建康路253号京隆国际1单元1125室
都市MINI精选酒店	秦淮区升州路107-5号
温馨青年旅社	秦淮区金沙井18号103

美食 饕餮一族新发现

来到夫子庙—秦淮河风光带，不得不谈谈南京著名的各式各样的小吃，除风景区内全天营业的美食店铺外，每到夜晚，各种特色小吃的推车遍布夜市的各个角落。不同于别处的夜市，夫子庙—秦淮河风景区的管理优良，使得这里的小吃干净卫生，口味佳而且价格合理，深受游客的喜爱。

贡院街

永和园酒楼：位于建康路68号，是南京有名的老字号酒楼，始建于清朝光绪年间，建筑风格也是典型的明清风格。永和园以经营淮扬菜点而闻名遐迩，尤以"秦淮八绝"蜚声海内外。口味很好的小吃有赤豆元宵、蟹黄汤包、糖芋苗、荷叶蛋黄等。

莲湖糕团店：位于贡院西街24号，秦淮风味名小吃店之一，是夫子庙边上最平民化的"老式点心店"。莲湖糕团店的赤豆元宵香甜软糯，黑芝麻马蹄糕馅多细腻味清甜，值得品尝。

奇芳阁：位于贡院西街12号，是一家名闻遐迩的清真老店。在著名的小吃"秦淮八绝"中，奇芳阁的"三绝"麻油干丝、鸭油酥烧饼和"五绝"什锦菜包、鸡丝面尤其出色，不但外地游客慕名前往，老南京人也喜欢光顾。

绿柳居：位于建康路68-1号（永和园酒楼旁），老字号清真食品店。绿柳居的素菜包子味道咸淡适中，馅儿新鲜不发黄；牛肉锅贴和牛肉馄饨面皮实在有嚼劲，且清淡不油腻。此外，绿柳居还有很多真空食品出售，买一些回去带给亲朋是不错的选择。

水游城

水游城位于建康路和中华路交叉路口，建筑面积16.7万平方米，是夫子庙商圈的中心。"水游城"是以流动的水为主体，营造出的一个集购物、休闲、餐饮、娱乐、旅游、文化等于

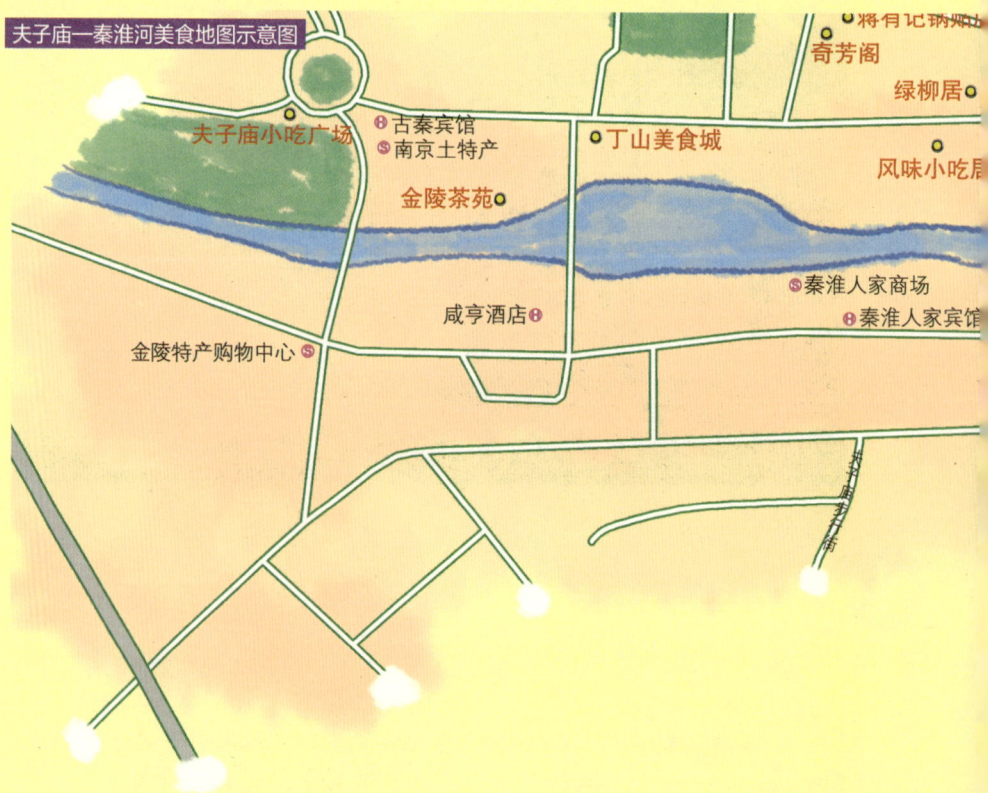

夫子庙—秦淮河美食地图示意图

将有记鸭油酥
奇芳阁
绿柳居
夫子庙小吃广场
古秦宾馆
南京土特产
丁山美食城
风味小吃店
金陵茶苑
秦淮人家商场
咸亨酒店
秦淮人家宾馆
金陵特产购物中心

一体的大型综合性休闲商场。

其中的餐饮包括异国风情美食街、大型特色餐饮、咖啡座、甜品屋、面包坊、茶餐厅以及地方风味小吃，分设于各个楼面。

其他地区

蒋有记锅贴店：位于老门东三条营49-3号。他家的锅贴色泽金黄，脆底薄皮，肉馅丰厚有嚼劲，再加上里面的红汤汁，那种味道令人回味。

咸亨酒店：位于夫子庙大石坝街138号，是老字号的绍兴菜馆。他家的招牌梅干菜扣肉，肉烂菜香，卖相好；臭豆腐外酥里嫩，配上点辣椒汁，不臭反香。一碟茴香豆，配壶温热的黄酒，临窗即见灯火通明的秦淮河，好不惬意。

阿婆五香蛋：位于夫子庙水游城东面的教敷营巷口，老婆婆每天下午出摊。五香蛋咸香入味，贴心的老婆婆都是把蛋皮剥了递给顾客，口碑好，很畅销，很多当地人也前来品尝购买。

小郑酥烧饼：位于建康路170号。小店的烧饼绝在一个"酥"字上，不论是刚出锅的热烧饼，还是冷却后的凉烧饼，怎么吃都很酥，非常特别。

韩老太甘蔗汁：离夫子庙景区约2千米，是一家通过网络突然爆火的老店。店主韩老太只卖甘蔗汁和手冲咖啡，特别是10元手冲咖啡，很多年轻人打卡消费。

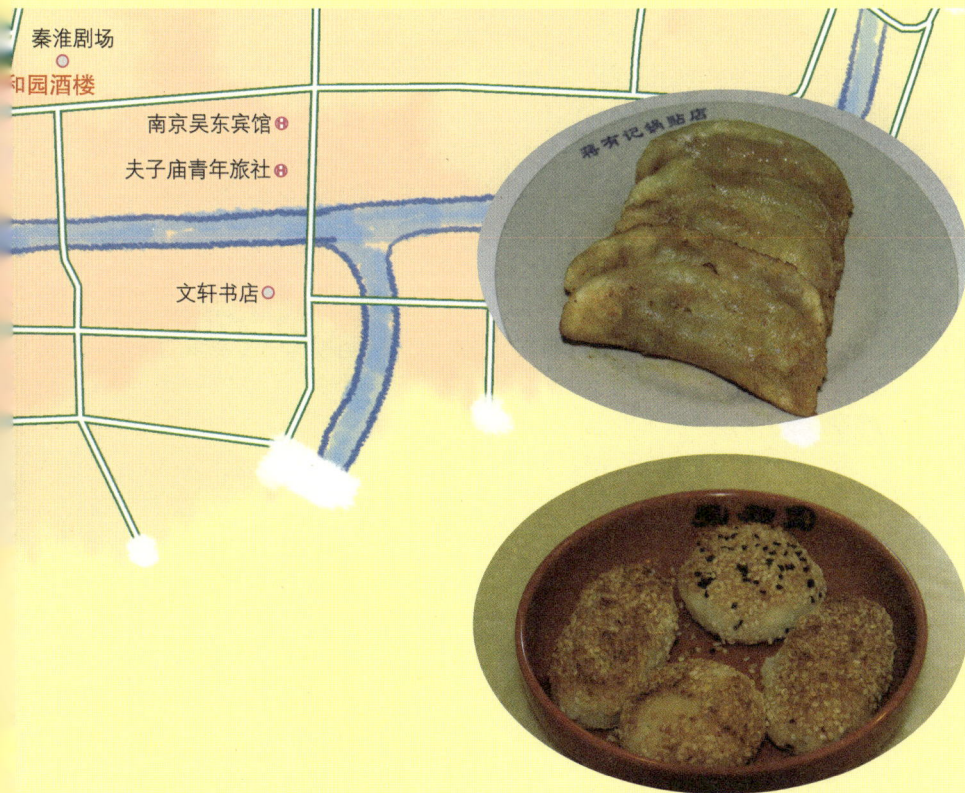

购物 又玩又买嗨翻天

夫子庙—秦淮河风光带分布有各种品牌的服装专卖店以及售卖工艺品的小商铺，数不胜数。各色工艺品、特色食品都是旅游纪念的购物首选。

购物类型	推荐物品	推荐店铺	位　置
工艺品	云锦	名师云锦	秦淮区平江府路121号
	雨花石	雨花石批发店	秦淮区贡院西街俄罗斯商城旁
特色食品	桂花鸭	桂花鸭（长乐路店）	秦淮区长乐路134-3号
	雨花茶	天福茗茶（贡院街店）	秦淮区贡院街121号
大型购物区		水游城购物中心	白下区建康路1号
		水街	秦淮区白鹭洲公园旁

娱乐 城市魅力深体验

夫子庙灯会

每年的正月，夫子庙的大街小巷、店堂铺面、河房屋顶都挂满了各式各样的彩灯，前来观赏的人群络绎不绝，熙熙攘攘，煞是壮观。其规模之大、延续时间之长、灯彩式样之多，在全国同类灯会中均名列前茅。

游秦淮河

可以乘坐景区色彩华丽的画舫畅游秦淮河，不仅可以得到全程免费的导游讲解，还可以饱览沿岸的名人故居、历史遗迹、著名桥梁、江南名园、秦淮灯彩等40余处景点和景观。尤其是在夜晚，这里游人如织，画舫来往穿梭，灯火璀璨。

观赏展演

夫子庙内常年举办"雨花石展""古代礼仪文化展""古代雅乐表演"等展演活动。每年一度的春节灯会、民俗文化庙会、大型祭孔乐舞表演等吸引了众多的游人前来观赏。夫子庙青年商场二楼有一个魔幻城，里面有各种真人装扮而成的"鬼神"，看起来阴森恐怖，仿佛来到了另外一个世界。

看戏剧、工艺表演

夫子庙民间艺术大观园的古戏台上定期表演南京地方曲艺——白局、评话、白话，还有其他各种曲艺，如昆曲、京戏、扬剧、皮影戏、南京老电影等。此外，夫子庙民间大观园内汇聚了20余位南京顶尖的民间工艺大师，他们现场表演制作南京传统的工艺品，如灯彩、剪纸、微雕、绳结、烙画等。

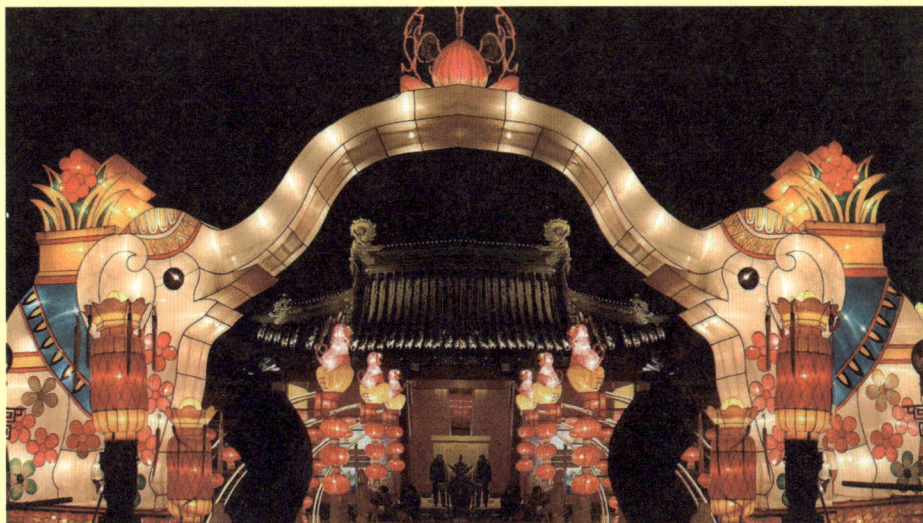

模仿科举

　　江南贡院景区定期举行"状元巡游""跳龙门、拜魁星""模拟乡试"等仿科举活动，中外游人可以着古装、入号舍、答考题，感受科举考试之苦涩和中举之喜悦。有兴趣的还可以穿上状元服拍摄几张照片。

赏大照壁、精美壁画

　　大照壁位于泮池南岸，修建于明万历三年（1575年），长达110米，高10米，为全国照壁之最。它反映了中国古代建筑"前有照，后有靠"的风水建制。

　　王道谢安纪念馆的鉴晋楼中陈列有中国现存最早的卷轴人物画卷《洛神赋图》的摹本。该摹本以壁画形式展示，长达16米，画中人物栩栩如生，实属罕见。鉴晋楼后是由338块砖构成的长6米、高1.1米的魏晋时"竹林七贤图"砖印壁画，壁画周围环以四灵图及花草纹砖印画，非常精美。

逛休闲小店

　　niko and…：位于邻近夫子庙景区的鹏欣水游城，以服饰搭配为主，也有很多有意思的家居小物件可以淘，适合随意逛买。

　　三余书社（熙南里店）：位于离夫子庙商业街很近的熙南里街区15号9栋，是一家书店+咖啡的艺术书店，点杯咖啡看会儿书，很是惬意。

行程推荐　智慧旅行赛导游

夫子庙—秦淮河一日观光线

　　路线特色：经典之旅，从细节处全面感受夫子庙—秦淮河。

　　路线设计：夫子庙步行街—江南贡院—贡院街—大石坝街—夫子庙—大照壁—乌衣巷—李香君故居—秦大士故居—瞻园。

古居建筑风貌专线

　　路线特色：游览秦淮河沿岸分布的明清时期的古建筑、古遗迹，感受古典建筑风貌。

　　路线设计：白鹭洲公园—秦大士故居—李香君故居—乌衣古井—乌衣巷—大照壁—泮池—夫子庙—江南贡院—秦淮水亭—古桃叶渡。

美食休闲专线

　　路线特色：以美食休闲购物为主，感受夫子庙—秦淮河的现代时尚气息。

　　路线设计：水街—白鹭洲公园—大石坝街—夫子庙—贡院街—江南贡院—水游城购物中心。

夫子庙
金粉醉人的花灯夜市

微印象

@奶茶好心情 六朝古都、十朝都会，南京这座城市总是带着浓浓的古香古韵。闲来逛逛夫子庙，享受秦淮河的游船画舫。白天的夫子庙热闹非凡，夜间的夫子庙更是彩灯映天。这里有吃穿玩乐的物什，浓郁的中华文化，就这样悠然自得地享受着与传统约会的好心情。

@Emma五月 熟悉的街道，喜欢的情调。此时的南京开满了杜鹃花，法国梧桐也透着翠绿。迎着晨曦的露水，碾着细碎的阳光，骑着脚踏车穿堂走巷，逛一逛夫子庙，吃一吃南京小食，吹一吹秦淮河的风，无比地怡然畅快！

门票和开放时间
门票：夫子庙30元，民间艺术大观园10元。
开放时间：8:30~22:30。

最佳旅游时间
游览夫子庙全年皆可。每年元宵节时，秦淮河风光最佳。

进入景区交通
位置：南京市秦淮区秦淮河北岸贡院街旁。
交通：地铁4号线夫子庙站下即到。

景点星级
人文★★★　美丽★★★　特色★★★　浪漫★★　休闲★★　刺激★★

夫子庙，原名孔庙，是供奉和祭祀孔夫子的地方，所以俗称"夫子庙"，始建于北宋景祐元年（1034年），位于秦淮河北岸的贡院街旁，占地26300平方米。夫子庙现存建筑均为清代重建，布局左右对称，其自南向北依次有：大照壁、泮池、天下文枢坊、棂星门、大成门、大成殿、东南第一学大门、明德堂、钟鼓楼、尊经阁（夫子庙民间艺术大观园）、卫山、敬一亭等。

自古以来，夫子庙仿佛秦淮皇冠，闪烁着迷人的光彩。这里人文荟萃，商贾云集，素有"江南佳丽地"之美誉。现今的夫子庙，已成为富有明清建筑风格的十里秦淮风光带上的一个重要景点。其庙、市、街、景合一的独特布局令人尽情领略迷人的秦淮风光。

1 泮池—大照壁

孔庙前的水池一般称为"泮池"。传说，鲁国学宫设于泮水之畔，周朝时"天子之学为雍，诸侯之学为泮"，以后相沿成习。南京夫子庙建庙前将流经广场的秦淮河一段河道改造为泮池，从而使夫子

夫子庙—江南贡院示意图

江南贡院

至公堂　明远楼　号舍

孔子学府

尊经阁　7

5　明德堂　翠玉楼　夫子庙

大成殿　4

东西市场（西市）

东西市场（东市）　6

大成门　2

夫子庙中心广场

泮池　1

贡院碑刻

贡院街

庙成为全国孔庙中仅有的一座用天然活水作泮池的庙宇。

　　大照壁位于泮池南岸，修建于明万历三年（1575年），长达110米，高10米，是全国最大的照壁。它反映了中国古代建筑"前有照，后有靠"的风水建制。

链接　孔庙的类型

　　历史上的孔庙有2000多所，根据其性质可分为三种：一是孔氏家庙，二是国庙，三是学庙。中国有两座孔氏家庙，山东曲阜孔庙内的家庙和浙江衢州孔氏南宗的家庙。留在曲阜的孔氏族人为北宗，孔子第48代族人迁至衢州后的族人称为南宗。

　　作为国庙性质的孔庙，有曲阜孔庙和北京孔庙，它们与"学校"没有关系，是封建帝王、地方官员祭祀孔子的专用庙宇。在古代中国，作为国庙性质的孔庙是国家的一种精神象征。

　　学庙或称庙学，是以办学为宗旨的，将学习儒家经典的学校与祭祀孔子的礼制性庙宇相结合的国家行政教育场所和祭孔场所。除作为国庙的曲阜孔庙、北京孔庙和曲阜孔府内家庙、衢州家庙这四座孔庙外，中国其他的孔庙都属学庙性质，是古代儒学教育的殿堂。

点赞　👍 @素白 站在秦淮河的岸边，看孔庙前泮池里的水清澈得很，天然的活水潺潺地流淌了数百年。乘一只画舫沿河游览，全国第一的大照壁非常有气势，其中蕴藏着文化的精髓。

❷ 棂星门—大成门

　　夫子庙的第一道门便是棂星门。棂星门为石质结构，六柱三门，其间镶饰牡丹浮雕图案，造型优美，风格简约。进入棂星门，迎面便是大成门。因孔子对中国古代文化做出了集大成的贡献，故此门名为"大成"。大成门左右辟角门，门前石狮雄踞。门内两侧分列古碑四块，分别为南齐永明二年（484年）遗物《孔子问礼图碑》、元至顺元年（1330年）刻成的《集庆孔子庙碑》、元至顺二年（1331年）刻成的《封至圣夫人碑》以及《封四氏碑》。

❸ 丹墀—孔子塑像

进入大成门,是夫子庙的中心庙院。院内植有银杏八棵,两旁的古灯对称有致,中间有一条笔直的石砌甬道通向大成殿前的丹墀。此丹墀是祭孔时举行乐舞的地方,丹墀正中竖立一尊青铜孔子塑像。塑像高 4.18 米、重 2500 千克,是全国最大的孔子青铜像。塑像两侧台阶上有每尊高 1.8 米的孔子弟子颜回、子路等十二贤人的汉白玉塑像分班侍立。

民间有许多关于这尊孔子青铜像的传说,据传摸摸他会有好运,因此,孔子铜像的双脚已经被游客们摸得锃亮。

点赞 👍 @莲二芋 8月去南京夫子庙的时候,被大成殿门口巨大而庄严的孔子塑像深深震撼。巨大的孔子脚边蜷缩着好多猫,满院子乱跑,倒是给这原本严肃的地方增添了不少生气,夫子不寂寞呢。

❹ 大成殿

大成殿是夫子庙的主体建筑,也是祭祀孔子的圣殿。大成殿高 16.22 米,阔 28.1 米,深 21.7 米,面阔五间,东西两庑面阔九间,沿用了古时皇帝特批的"九五"之尊的建筑规格。

大成殿内正中悬挂一幅孔子画像,高 6.50 米、宽 3.15 米,是全国最大的孔子画像。画像两侧是当代著名书法家尉天池书写的乾隆皇帝撰书的楹联"气备四时,与天地日月鬼神合其德;教垂万世,继尧舜禹汤文武作之师"。正中摆放有"至圣先师孔子神位"牌,供人敬仰和尊拜。孔子神位牌两侧供奉有"四亚圣"颜回、曾参、孔伋、孟轲的汉白玉雕像。

大成殿四周形神并具的孔子业绩图壁画和上方八位清朝皇帝题赠的匾额,充分印证了孔子对古代教育的杰出贡献以及历朝历代皇帝尊崇膜拜孔子的历史。

攻略

大成殿内陈设有仿制 2500 年前的编钟、编磬等 15 种古代祭孔乐器,并定期进行古曲、雅乐演奏,演出为反映明人祭孔礼仪的大型明代祭孔乐舞,使游客可以听到春秋时代的"钟鼓之乐""琴瑟之声",展现出 2000 多年前的古乐风貌。

点赞 👍 @张慧霞 大成殿是整个夫子庙的中心,重檐飞翘,斗拱交错,气势雄伟,巍峨庄严。殿中的"孔子圣迹图"更是做工精细,色泽自然,颇为逼真。

⑤ 明德堂

从大成殿后门走出，即进入学宫参观区。学宫包括有明德堂、尊经阁（夫子庙民间艺术大观园）、青云楼、崇圣祠等古建筑，以及"东南第一学"的门坊，门匾由清末状元秦大士题写。

明德堂是学宫的主体建筑，它坐北朝南，始建于东晋成帝司马衍咸康三年（337年）。明德堂是古代学子上大课的地方，每月初一、十五，学宫都要举行朝圣典礼。典礼后，由学宫教谕主讲孔子学说及当时皇帝的圣谕等。全学宫的学子不分年级，都要到明德堂听课。

明德堂内现已辟为雅乐宫，演职人员身着春秋时期的古装，以编钟、编磬的器乐实物，配以打击的方式，演奏经典曲目。舞台正上方"金声玉振"四字匾额，为清代乾隆皇帝所颁赐。语出《孟子·万章》："孔子之谓集大成。集大成也者，金声而玉振之也。"

> **点赞** 👍 @一生守护惜小君 亲眼看到明德堂里的表演，被震撼了，只有身临其境，才能感悟到匾上"金声玉振"四个字的意义。

链接 | 明德堂的由来

中国的学宫都称为"明伦堂"，而唯独夫子庙的学宫称"明德堂"。据说这是因为宋代文天祥题写的"明德堂"匾额的缘故。当年，文天祥为元军所俘戴枷北上。他在南京小住时，遇上南京降元的大臣留梦炎在给复建的夫子庙撰写"明伦堂"三字，文天祥挥笔写下"明德堂"三字后动容地说："德就是忠信，忠于国家，取信于民。文天祥生不能救国，死亦为鬼雄。雪九庙之耻，复高祖之业，誓不与侵略者同生。"故改"伦"为"德"，明德堂的匾额便传挂至今。

⑥ 东西市场

　　东西市场位于学宫的东西两侧以及学宫与文庙之间的南北街，是学宫的东西甬道以及学宫南面与文庙北面之间的甬道。清末科举废除以后，学宫甬道也成为摊贩市场，东西市场的名称便从那时开始。

　　现东西市场又称夫子庙大市场。"因庙成市，庙市合一"的东西市场依傍于文庙、学宫，造型古朴典雅。市场采用明清时代的街市风格，以石板铺地，店铺采用"青砖黛瓦马头墙，回廊挂落花格窗"，有许多经营古玩字画以及特色工艺品的店家集中于此，使得这里极具浓郁的地方特色。

> **点赞** 👍 @闷烧男小伍 夫子庙一带除了夫子庙庙宇、夫子庙小吃、秦淮河泛舟、夫子庙庙会之外的另一个好去处，就是夫子庙大市场。很难想象在市中心的地带还会有3万平方米的市场，这里有古代集市的风韵，建筑造型很有特色，商品也是琳琅满目。改编一句俗语，这里"只有想不到，没有买不到"。

⑦ 尊经阁（夫子庙民间艺术大观园）

　　尊经阁位于明德堂后方，始建于明嘉靖年间，原为上下两层各五间。清嘉庆以后曾在此设尊经书院，楼上藏书，楼下讲学。尊经阁后来被毁。1987年重建的尊经阁是一座重檐丁字脊歇山顶三层古建筑，高18.7米，底层五间，二、三层均三间，玲珑华丽，端正凝重。

　　尊经阁现开辟为"夫子庙民间艺术大观园"，分三层。底层辟为"秦淮彩灯馆"，二层为"秦淮文物古迹陈列室"，三层备有茶座，可供游人休息并眺望夫子庙全景。

> **点赞** 👍 @神马都是浮云 在民间艺术大观园观看南京提线木偶剧团的表演。身处古色古香的环境中，观看着二十世纪四五十年代在南京风靡一时的木偶剧和各种传统的文艺展示，让人受益匪浅。楼上还可以休息，品一壶茗茶，临窗歇息，看着窗外的古迹，赏赏夫子庙的全景，十分惬意。

江南贡院
中国最大的科举考场

微印象

@漪雯 江南贡院，中国古代最大的科举考场，贡院内有考生号舍20644间，俯瞰如蜂巢般密密麻麻，鳞次栉比。当年科考之时，成千上万的考生从四面八方云集而至，在此成就或断送一生的追求和梦想，颇为悲壮。

@胭脂三月 秦淮河畔江南贡院，行在其中能感受到昔日的繁华和荣耀。泛舟河上，景色迷离，仿佛看到古时金陵秦淮女子弹琴唱曲的委婉和哀伤。

门票和开放时间
门票：50元。
开放时间：9:00~22:00。

景点星级

人文★★★　美丽★★★　特色★★★　浪漫★★　休闲★★　刺激★★

　　江南贡院位于南京市秦淮区夫子庙步行街内,始建于南宋乾道四年(1168年)。1368年,明太祖朱元璋定都南京后江南贡院规模开始逐渐扩大。在明清两代,江南贡院最大规模时曾经占地30万平方米,拥有考试号舍20644间,是我国古代最大的科举考场。

　　仅清朝一代,在江南贡院乡试中举后经殿试考中状元的就有58名,占全国状元总数的一半。唐伯虎、郑板桥、文天祥、林则徐、施耐庵、曾国藩、左宗棠、李鸿章、陈独秀等历史名人均为江南贡院的考生或考官。江南贡院内现今保存有明远楼、贡院刻碑和一部分号舍作为历史文物,用来展示当时繁荣的景象。

　　2017年,江南贡院片区重新改造,新增中国科举博物馆。

❶ 明远楼

　　进入江南贡院,便是明远楼。明远楼是江南贡院内的楼宇之一,飞檐出薨的三层建筑,底层四面为门,楼上两层四面皆窗,原是用来号令和指挥整个考场,监视应试士子、院落内执役员工乃至阅卷官、考官等有无传递作弊行为所建。

　　分布于明远楼两侧碑廊内的20余块明清贡院石碑包括康熙御题碑、两江总督铁保碑、重修扩建贡院碑等重要碑刻,都是省级文物。明远楼南墙下曾有楹联"矩令若霜严,看多士俯伏低徊,群器尽息;襟期同月朗,喜此地江山人物,一览无余"。外墙嵌《金陵贡院遗迹碑》,记述了贡院的兴衰历史,碑文最后叹道:"今则娄百年文战之场,一时尽归商战,君子与此,可以观世变矣!"这里是整个考场最高的建筑,上楼远眺,景色尽收眼底。

链接　僧敲明远楼

　　历史上的江南贡院,有几次震惊世人的科举冤案。其中包括有明洪武三十年(1397年)的科举冤案、清顺治十四年(1657年)的科场蜚闻案、清康熙年间的科举舞弊案。各案中牵连无数,被斩首者众多。这让江南贡院一度变得有些阴森,常常传出考生被冤魂缠身之说。于是,便有了每次开考前的仪式:请来僧侣在明远楼上设坛打醮三昼夜。

点赞　👍 @自然卷蕾蕾 冬日的阳光灿烂,却也温暖不了肃杀的空气。穿越秦淮河畔幽艳的脂粉香,到了江南贡院的明远楼。登楼上,静静待到暮色渐浓时,华灯初放,放眼望去,青砖白屋马头墙的沿河建筑,在夜色下错落有致,朦朦胧胧,别有意境。

② 号舍

江南贡院的东西两侧现保留有八排四十间号舍，其中东部号舍是举办"模拟江南乡试"的场所。号舍是古时考生白天考试、晚上睡觉的地方，每人一间，考试期间考生的所有活动都在这狭小的空间内进行。考生通常九天不离考场，条件非常艰苦。

放眼望去，一排排屋檐下面满满的都是一间间的小格子间似的号舍。号舍以"千字文"编列，长的号舍有 100 多间，短的也有五六十间。走廊非常狭窄，仅容两人勉强通过。为了让游客有直观的印象，每间号舍都放了假人，营造出旧时科举考试时的情景，极其逼真。

点赞 👍 @校场一姐 在江南贡院里参观了模拟复建的考生号舍 40 间。号舍里面有桌子、椅子，有文房四宝、一盏油灯、食品，还有模拟考生的塑像，和真人一样高。房间是半开放的，人像被塑造成不同的表情，有的自信满满，有的抓耳挠腮，还有的正伺机作弊。考场上的百态人生，真是被表现得淋漓尽致。

链接 当年号舍和考生"抢号"入场

当年的号舍并不是独立的房间，而是形成了一排排的小巷子。据考证，当年的号舍以千字文编列，其中除天玄、帝、皇、圣人名讳以及数目文字和凶煞诸字不能使用外，其余皆可列号。

这么多号舍，考生是不是也像今天的高考一样"按号入座"呢？其实当时是"抢号"。在《江南贡院史话》上记录了一段趣闻，清末的抢号方法是：陪送考生的家属先将竹制的空考篮放置于贡院大门之外，等到大门一开，立即快步赶入院内，将考篮置于号舍案头，此号也就成为己有，而无考篮的举子便不得侵占。

③ 至公堂

位于明远楼后方的至公堂，是贡院文化的主要展厅。这里以文字为主，配以图片和实物资料，系统地介绍了我国科举制度的形成、发展与历史沿革。

至公堂内供奉有道教中主宰文章兴衰的神魁星。魁星的信仰盛于宋代，逐渐成为除文昌帝之外中国封建社会读书人最崇信的神。在科举考试中，取得高第即称作"魁"，如进士第一名称"状元"，也称作"魁甲"，举人第一名称"解元"，也称作"魁解"，均有"第一"的含义。

链接　科举作弊

江南贡院中还陈列有古时作弊的工具，现在的小抄在古时称作夹带。小小的夹带仅盈掌心，或方形或圆形。古代科举考生将《四书》《五经》等八股文考试用书变小，字压缩，夹带缝进衣服、鞋底、水烟袋，甚至藏在头发里边等，带入考场作弊。这大概就是最原始的作弊方法了，据说若作弊成功，考中的概率便可提升一倍，也难怪有人会铤而走险了。

④ 飞虹桥

至公堂后有一座石桥架于清水池上，题名飞虹桥。这座石桥不过十几米长，但在科举时代意义非凡。桥这边是外帘，负责誊录、对读、初选、分卷、弥封；桥那头是内帘，才是阅卷的地方。任何人不得越桥半步，连熟人隔桥打个招呼也不行。

而连接江南贡院与对面佳人阁楼的文德桥上，更是流传有一句"君子不过桥，过桥非君子"的古话，衍生了秦淮河上渡才子会佳人的游船画舫。

⑤ 中国科举博物馆

中国科举博物馆是 2017 年夫子庙景区升级改造新增的场馆。为凸显江南贡院中心建筑明远楼，博物馆主体被设计成宝匣，整体沉入地下，屋顶设计为一方形水池置于明远楼前侧，巧妙处理了新旧建筑的关系。

博物馆内科举文化专题展的参观过程别具一格，观众由 130 米长的坡道环绕而下，感触科举制度1300 年的历史。博物馆常设展览分五大展区、33 个展厅，结合虚拟演示、场景还原、多媒体互动等项目。展示了科举制度的前世今生、古代士子"鱼龙变化"的奋斗历程。

乌衣巷

旧时燕落的王谢古居

微印象

@Michelle 一直很喜欢刘禹锡《乌衣巷》中那种明媚的忧伤。3月的烟雨，叩响着沉睡的石径，乌衣巷里的油纸伞，结怨着丁香的芬芳。夕阳西下之时的乌衣巷，景致的确别有一番滋味。

@带我去有你的未来 秦淮河畔一座城，岸边踏歌声。乌衣巷里堂前燕，衔来春深深。一段苏绣工锦，一帘雨纷纷，我是故事里的人。

门票和开放时间

门票：免费参观。

开放时间：8:00~22:00。

景点星级

人文★★★　美丽★★　特色★★　浪漫★★　休闲★★　刺激★

　　乌衣巷位于秦淮河南岸，是历史悠久的古街巷。三国时，吴国戍守石头城的部队营房就设在此处，因为当时的军士都穿着黑色制服，故以"乌衣"为巷名。在东晋时，乌衣巷是高门士族的聚居区，东晋开国元勋王导和指挥淝水之战的谢安曾在此居住。现今的乌衣巷是一条集历史文化与现代气息于一体的风景长街。

　　乌衣巷内最著名的景点是王导谢安纪念馆，又称王谢古居。唐代诗人刘禹锡《乌衣巷》中"朱雀桥边野草花，乌衣巷口夕阳斜。旧时王谢堂前燕，飞入寻常百姓家"的诗句，让乌衣巷声名远扬，使得乌衣巷成为古代名气最大的街巷之一。

❶ 王导谢安纪念馆

　　王导谢安纪念馆是一座明清风格的两层建筑，建筑坐北朝南，形制优美，古朴典雅，溢彩流光，呈现出一派"青砖小瓦马头墙，回廊挂落花格窗"的格调。纪念馆的内外部建筑紧密相连，纵横交替，相互垂直，构成了一组完整的建筑格局，与秦淮河一带的建筑和谐相称，协调一致，极为壮观。

　　纪念馆的主体建筑分为来燕堂和鉴晋楼，集中展现了东晋时期名相王导和谢安两大家族的政治、生活场景。纪念馆以东晋时期王、谢两大家族为代表，反映了古都南京在六朝时期的历史概况，游人可以在这里缅怀古代众多杰出人物在政治、军事、文化等领域所创造出的业绩和成就。

链接　乌衣巷的叱咤人物

　　小小的一条乌衣巷，古往今来在此居住过的风云人物不胜枚举。除了王氏王导、王献之、王羲之、王凝之，谢氏谢安、谢道韫、谢灵运、谢惠连、谢朓之外，颜延年、鲍照、刘勰等名人名士都曾在乌衣巷留下故事。

点赞 👍 @F-Frey 我为什么一定要看这王谢古居呢，或许是因为这满腔的情怀总需要有个抒发的凭借才好，不知当年的刘禹锡是否也曾有此想法。"小楼一夜听春雨，深巷明朝卖杏花"，在这里，意境是有出处的，历史也是有出处的。

❷ 来燕堂

来燕堂为王谢古居的东院，是一座两层小楼，建筑风格古朴典雅。"来燕堂"三字以隶体杂汉简，笔力遒劲，象征着六朝时期"王谢大宅"的风范。王羲之的半尊塑像立于堂前，堂内悬挂有王导、谢安的画像，陈列了两大家族的历史资料和图片资料，细细观览，如同展阅一轴历史图卷，充分呈现出了王、谢两大家族百年的兴衰历程。

东院墙上镶嵌有从南京南郊出土的《竹林七贤图》砖印壁画。院墙外北面，迎文德桥筑有"半亭"。

链接　王、谢家族重要人物

王导与谢安功高权重，青史昭昭，他们的儿孙也冠盖如云，或身为重臣高官，或建功立业。但最为后人称道、为中国文化发展发挥过重大作用者，则莫过于王羲之与谢灵运，所谓"王家书法谢家诗"，即以此二人为代表。

王导（276—339），字茂弘，琅琊临沂（今山东临沂）人，东晋初年的大臣。他在东晋历仕晋元帝、晋明帝和晋成帝三代，是东晋政权的奠基者之一。

谢安（320—385），字安石，陈郡阳夏（今河南太康）人，东晋政治家、军事家，官至宰相。他成功指挥了以少胜多的淝水之战，为东晋赢得几十年的安静和平，战后功名太盛被皇帝猜忌，因此低调避祸，后病逝。

王羲之（321—379），字逸少，琅琊临沂（今山东临沂）人，东晋最杰出的书法家，官至右军将军，所以人称"王右军"，为王导之侄。在中国书法史上，王羲之的《兰亭序》被历代书法家公认为举世无双的"天下第一行书"。

谢灵运（385—433），字灵运，浙江会稽（今浙江绍兴）人，东晋著名山水诗人，名将谢玄之孙，谢安之侄曾孙。他是中国文学史上山水诗派的开创者，其主要成就即山水诗。

点赞　👍 @清枫棠信使　乌衣巷忆江南，点点惆怅满。谢家燕又成双，朱雀桥花径香，青石街碎夕阳，片片往事伤。六朝心事付风雨，秦淮河岸谁人唱？一曲千古轮回，又抱琵琶，轻声弹。

❸ 鉴晋楼

鉴晋楼是王谢古居的西院。"鉴晋"二字取"以史为鉴,可以知兴替"的意思。鉴晋楼匾额上的大字均以隶体书写,大有魏晋遗风。西院正堂为六朝史展室,展示了南京的六朝历史和六朝文化艺术,包括了政治、军事、科学、医学、艺术等,并陈列了代表性的出土文物。正面墙上展示有南通彩锦绣的《六朝胜迹图》,勾勒出六朝时期南京的名胜之景。

南厢房展出有"画祖"之称的东晋杰出画家顾恺之的代表作——《洛神赋图》摹本复制品。楼上,辟为秦淮历史展室,展示了历史悠久的古秦淮以及近年来秦淮地区的发展、变化。

攻略

鉴晋楼前院落有一处曲水流觞的仿古建筑。古时,文人墨客聚会在曲水流觞旁,在流觞里面放一个倒满酒的杯子,杯子漂到谁面前,谁就要作一首诗,饮一杯酒。游览鉴晋楼时,不妨也与三五朋友围坐于此,在迂回曲折的沟槽放一个杯子,随性抒发,一享古时的风雅乐事。

点赞

👍 @草莓斩桃花 站在鉴晋楼前,我顿时感到诗意乌衣巷的千年脉搏仍在有力地跳动:不见桥来不见花,乌衣巷口人喧哗。听筝室内教古乐,来燕堂中羲之大。鉴晋楼上朱俱在,水泥掩尽昔奢华。谢家新诗王家书,飞越千载入万家。

❹ 听筝堂

在东院与西院之间有著名的"听筝堂"模拟建筑,模拟的是当年东晋孝武帝临幸谢氏宅,听谢安弹奏古筝的情景。

乌衣巷中另一著名传说"闻笛步"也发生在这里。相传王羲之五子王徽之邀请恒伊吹笛,恒伊善长笛,王善弹筝,两人在听筝堂合奏,音律绕梁,环绕秦淮河畔数日。后人余怀诗曰:于今夜夜秦淮水,笛声筝声波上起。

链接　听筝堂的来历

　　谢安成功地指挥了淝水之战，却也因此遭到奸人的进谗，孝武帝对他有了猜忌。一日，孝武帝驾临谢宅，谢安设宴款待。君臣饮宴表面欢洽，但彼此心存疑惧。有"江左第一"之称的桓伊当也在场，孝武帝遂命桓伊弹筝助兴。桓伊同情并佩服谢安，故边弹筝边唱道："为君既不易，为臣良独难。忠信事不显，乃有见疑患。"谢安听后落下泪来，孝武帝也深受感触，停杯不语，面露愧色，打消了猜忌之心。

点赞　👍 @Max 小小生　王谢古居就如同中国封建时代士族制度的博物馆，陈载着士族时代的风貌。走在听筝堂，那些老旧的故事仿佛映入眼帘，绕梁的声音似还在回响。它如一个符号，标志着曾经风光和已经腐朽的士族制度走向了历史，也勾起后人对昔日繁华的自豪和感伤。

⑤ 乌衣古井

　　乌衣古井位于乌衣巷内，王导谢安纪念馆的西南侧。相传，此井开凿于东吴，三国时吴国戍守石头城的部队营房驻扎在乌衣巷内，军士们就是靠此井饮水。乌衣古井是一处不可多得的古遗文物。古时的乌衣古井井水清澈，久不干涸。

　　乌衣古井是现存唯一的、真正的历史遗迹，它见证了乌衣巷里王、谢两大家族的百年恩怨，显赫没落，是是非非。恐怕也只有它最有资格感叹："江山依旧，人事全非。"

点赞　👍 @七宝本命年　穿行在乌衣巷，每次从那转角处经过，都不经意地回眸那口深深的乌衣古井，岁月的痕迹在它的身上不见分毫，想来王谢子弟应该就是经它一代代哺育成长的吧！

十里秦淮

桨声灯影秦淮水

微印象

@流年墨槿 秦淮河，南京的母亲河，造就了南京的文化积淀。无论是叹咏，抑或是传说，历史上对秦淮河的记载，让这条穿城而过的河流给南京留下了无数美妙的画卷。如今，游人如织，画舫依旧，梨花似雪草如烟，秦淮河两岸的风景愈发地迷人。

@一袋甜蕉 有人说，逛南京像逛古董铺子，到处是时代侵蚀的痕迹。这六朝古都处处是庭院雕栏，寒烟明镜，芳草松径，翠峰圆月。秦淮河的星空歌舞璀璨，酒肆觥筹交错，朱雀笙箫迭起，让人不得不联想起"烟笼寒水月笼沙，夜泊秦淮近酒家"的古句。

门票和开放时间

门票：秦淮河沿河风景带免费开放，船票单收。

开放时间：全天开放。

进入景区交通

位置：南京市秦淮区秦淮河。

交通：乘地铁1号线到三山街站、中华门站，或者乘3号线到夫子庙站、武定门站下都可到达夫子庙秦淮风光带不同区域。

景点星级

人文★★★　美丽★★★　特色★★★　浪漫★★　休闲★★　刺激★

秦淮河是古老的南京文化渊源之地，全长110千米。在流入南京城时，秦淮河于城东通济门外九龙桥处分成两股支流，一股绕着南京明城墙外流过，成为南京的护城河，称"外秦淮"；另一股从东水关入城，从西水关出城，称"内秦淮"。内秦淮河全长约10千米，史称"十里秦淮"。

沿秦淮河两岸，从六朝起便是望族聚居之地，这里商贾云集，文人荟萃，儒学鼎盛，素有"六朝金粉"之誉。河边遍布着古色古香的建筑群，飞檐漏窗，雕梁画栋；河上画舫凌波，桨声灯影，加之人文荟萃，市井繁华，构成了体现金陵古都风貌的游览胜地。

① 秦淮画舫

秦淮风光，以画舫最为著名。游览秦淮河，可以乘坐色彩华丽的画舫沿河行驶，饱览沿岸的名人故居、历史遗迹等景观，全程配有导游讲解。到了夜晚，河上之船一律彩灯悬挂，辉煌夺目，画舫来往穿梭，热闹非凡。

秦淮河上的画舫窗格棂栅，飞檐翘壁，造型古色古香。画舫内部各类硬件齐全，配备有独立的卫生间、中央空调等，乘坐环境极佳。

点赞 👍 @一路狂奔的草莓 十里秦淮水榭，红笼摇曳高悬。寒风凛冽萧瑟，画舫随风而显。弯月清光散落，才子佳人嬉戏。饮酒对歌诗赋，已醉天明梦渐。

链接 南京秦淮河画舫

有两条夜游路线选择，一个传统，一个现代。
1. 秦淮河东段游船（画舫古船，100元）
时间：18:30~22:00
路线：码头—白鹭洲公园—七彩水街—东水关—复成桥—码头
特色：传统路线，古色古香慢慢摇
2. 秦淮河西段游船（现代船，140元）
时间：18:00~21:30
路线：码头—中华门—古戏台—仙鹤桥—西水关—码头
特色：船上投影仪将美景投射到两岸，光影交织

② 秦淮灯会

秦淮灯会是流传于南京地区的特色民俗文化活动，又称"金陵灯会"，主要在每年的春节至元宵节期间举行。早在南朝时期就有了元宵灯会，当时的盛况堪称全国之冠。明初以来，南京的元宵灯会逐渐享有"灯彩甲天下"的美誉。20世纪后，灯会进一步扩展，扎裱技艺提高，也推动了剪纸、空竹、绳结、雕刻、皮影、兽舞等民间艺术的发展。

灯会展览期间，五彩斑斓的花灯遍布在夫子庙陆上、十里秦淮河水上、明城墙空中，灯展、灯景、灯船、灯市"四灯"同展，共有100多组大中型灯组、40多万盏花灯一齐登场，再现了"秦淮灯彩甲天下"的盛世美景。秦淮灯会作为一项重要的民俗文化活动，是历代南京市民延续和传承民俗文化的重要空间。

点赞 @汀汀Wan 南京的秦淮灯会，各种景色绚丽夺目。脑海里总浮现出欧阳修的《生查子·元夕》里"去年元夜时，花市灯如昼。月上柳梢头，人约黄昏后"的句子。

❸ 东水关遗址公园

东水关遗址公园坐落于南京城东南部，龙蟠中路通济门大桥西侧，是秦淮河流入南京城的入口，也是南京古城墙唯一的船闸入口。东水关旧称上水门，始建于五代十国杨吴筑城时期，明朝修建明城墙时在此基础上进行了大规模扩建。

东水关遗址公园集"古"寓于一体，具有"古桥、古河、古墙、古闸"四古之称，充分体现了秦淮的古都特色，展现了秦淮园林的个性风采。公园内绿树成荫，芳草萋萋，各色花卉争奇斗艳，河岸边"一柳一桃一桂花"的景致，给人以流连忘返的感觉。

瞻园

江南贡院

江南贡院码头

桃叶渡

东水关遗址公园
东水关码头

吴敬梓故居

夫子庙码头

夫子庙

王导谢安纪念馆

李香君故居

白鹭洲公园

秦大士故居

中华门
中华门码头

沈万三展览馆

十里秦淮示意图

白鹭洲公园

夫子庙的后花园

微印象

@波波的小屋 精致小巧的白鹭洲公园很漂亮，特别是晚上，桨声灯影的景致很有古韵。在热闹的夫子庙逛完，到这儿寻一寻清闲，照样挺好。公园内湖水绿树相映成趣，在这里不仅可以一览秦淮河畔的夜景与灯火，还可以划船，真是十分悠闲。

@嵇如风 来这最具江南特色的白鹭洲公园转转，恰好有人在办水上婚礼，真是别具一格。公园里的金丝桃开得极盛，还有一些开得热闹的绣球，亭台桥院错落有致，和水的灵性完美地结合在一起，让人颇有移步换景的感觉。

门票和开放时间

门票：免费，灯会期间另收费。

开放时间：6:00~20:00。

最佳旅游时间

游览白鹭洲公园四季皆宜，春季最佳。3~5月公园垂柳新绿，花团锦簇，在湖上乘一只小船游览景色，休息玩耍最适合不过。

进入景区交通

位置：南京市秦淮区长乐路171号。

交通：乘地铁3号线到武定门站下即到公园南门。

景点星级

美丽★★★　人文★★　特色★★　休闲★★　浪漫★　刺激★

白鹭洲公园，位于南京城东南隅，南临长乐路，北接小石坝街与东花园街，东靠明城墙，西至西石坝街，总面积15.3公顷，是南京城南地区最大的公园。

明朝永乐年间，此园是开国元勋中山王徐达家族的别墅，故称为徐太傅园。天顺年间，园内建有鹫峰禅寺，香火鼎盛一时。至正德年间，徐达后裔徐天赐将该园扩建成当时南京"最大而雄爽"的园林，名为东园，是王世贞、吴承恩等许多著名文人诗酒欢会的雅集之所。现今的白鹭洲公园内建有烟雨轩、春在阁、小蓬莱等数十处秀丽多姿的景点，是秦淮风光带上的一颗光彩夺目的明珠。

❶ 鹫峰禅寺

鹫峰禅寺坐落于白鹭洲公园东北角，始建于梁武天监年间，又名法光禅寺。该寺历史悠久，历唐、宋，经元、明，岁久废毁。明天顺五年（1461年），宦官进保开拓旧址，重建殿宇，规模宏大。

20世纪后，在残破的鹫峰禅寺旧址上重新兴建了大雄宝殿、毗卢殿、观音殿、地藏

攻略

鹫峰禅寺内设"鹫峰艺苑"，是集书画展、艺术品销售、茶艺等中华传统文化于一体的文化交流中心。这里定期举行法会，且寺内供奉有多尊佛像，终年香火不绝，梵音缭绕，是祭拜礼佛的不二选择。

殿、钟楼、鼓楼、三门、客堂、小斋堂、接待室及僚房20余间，各间结构、风貌、摆置皆按照《金陵梵刹志》中所记载《鹫峰寺碑记略》的描述原样筑造，恢宏磅礴，令人叹为观止。

点赞 👍 @孙悟空姐姐 白鹭洲公园内的鹫峰禅寺，始建于梁武天监年间，从现今重建的规模足可以一瞥其当年的盛世风采。忽然想起小说《儒林外史》中就有"到鹫峰禅寺吃茶"的故事，更是觉得鹫峰禅寺散发着浓浓古意。

② 东园故址区

　　东园故址区位于白鹭洲公园中部，是公园中最大的一个洲，也是游览活动的中心。故址区的西南部堆筑有北高南低的两条山脉，中间峡谷广植银杏、铅笔柏、水杉、雪松等大乔木，既有山林野趣，又为西南之屏风。中心地有烟雨轩、曲廊、小蓬莱假山、话雨亭、半青桥、碧波桥、心远楼、藕香居等多个园林建筑。

　　在故址区漫步，移步换景，景各不同。这里假山、树木和建筑巧妙地搭配，形成了"咫尺山水，城市山林"的特色。

③ 白鹭岛

　　白鹭岛位于整个白鹭洲公园的最中心，岛上树木葱郁，石径曲折，风景如画。白鹭岛并非自然形成的岛屿，而是 1963 年时用建设铁路的基土石方与浚湖泥混合堆砌而成。小岛上的山顶为全园的制高点，山顶上建有览胜亭，是眺望全园景色的最佳处。岛的西侧建有临水画舫——春在阁，春在阁西侧的湖水中，布置了一组白鹭群塑，造型如白鹭临水起舞，翩翩展翅，美不胜收。

> **点赞** 👍 @长裙曳过的午后 用古香古色来形容白鹭洲公园这个地方一点也不为过。景色有种很恬静的美。这里小桥流水、亭台楼阁，有一种灵动的飘逸感觉。白鹭岛上曲径通幽，有着一种市区中没有的舒适。

（白鹭洲公园北门内）1973 年建园时造成的一座小山，山北坡有可容纳 5000 人的观众席，为演出、集会、展览、放送影视等场所。

露天舞台
花圃
芦风白鹭
白鹭塔
鹭峰禅寺 **1**
玩月桥 浣花桥
湘兰苑
秦淮渔唱
乌龙潭
颐锦·白鹭洲会所
印月桥
御龙池
春在阁
白鹭岛 **3**
烟雨轩
陈公馆
心远楼
东园故址区 **2**
二水桥
东城游览区 **4**
锡塘会所
观澜亭
一鉴堂
普罗旺斯庄园
富临会所
览一亭

白鹭洲公园示意图

花圃（公园东北隅）：1979 年建设的展览花房，花圃面积 5000 平方米，此处集花卉生产、展览、销售为一体。

乌龙潭（公园东面）：绿树成林、芳草萋萋的休闲娱乐区，中段建有溜冰场和儿童乐园，供游人休闲娱乐。

4 东城游览区

东城游览区位于公园东部紧邻古城墙的山林中，这里有众多精致的古典园林，是全园游览的中心。其中，金太守园，营造有画舫，以幽雅清逸著称；吴应箕吴氏花园，以桃花满篱为胜；齐王孙花园，有招隐草堂和栖贤庵等建筑，以古朴素美至上。

此外，游览区内所筑寺、祠、庵、堂、庙鳞次栉比。东南角有拜梅庵，传说安鲍山之母罗氏梦梅而生，母生梅萎，故视古梅为其母魂建庵；西北角有隐仙庵，庵内四松参天。游览区内还建有曾国藩公祠、陶澍公祠、马端敏公祠、汪文毅公祠等。

103

瞻园

"江南四大名园" 之一

微印象

@海小蓝 与无锡寄畅园、苏州拙政园和留园并称为"江南四大名园"的南京瞻园颇像一位古典的美人，无论从哪个角度去看，都美得无可挑剔。闲暇时去走走，倒是可以为生活多添几分自在和舒适，也不辜负了欧阳修那"瞻望玉堂，如在天上"的赞美。

@做个蹦蹦跳跳的袋鼠 南京的瞻园内岸芷汀兰遍布，清幽素雅的楼榭亭台林立，深院回廊，奇峰叠嶂，仿若勾勒出一幅小桥流水、古院人家、生机盎然的春日画卷。

门票和开放时间

门票：日场30元，夜场70元。

开放时间：日场8:30~17:00，夜场17:30~21:00。周一闭园。

最佳旅游时间

游览瞻园四季皆宜，春季景色最佳。3~5月园内植被茂盛，翠色欲滴，与亭台楼阁景致呼应相托，怡人身心。

进入景区交通

位置：南京市秦淮区瞻园路128号。

交通：乘地铁1号线到三山街站，步行约400米可到瞻园。

景点星级

人文★★★　美丽★★★　特色★★　浪漫★★　休闲★★　刺激★

瞻园始建于明朝初年，是中山王徐达的府邸花园，距今已有600多年历史。瞻园面积约2.5万平方米，园虽不大，却颇具特色，共有大小景点20余处。瞻园以假山奇石著称，布局典雅精致。

陡峭峻拔的假山，闻名遐迩的北宋太湖石，清幽素雅的楼榭亭台，奇峰叠嶂，小桥流水……瞻园犹如南京繁闹都市中的一处世外桃源。俗语"逛南京不了解明清历史终生遗憾，逛秦淮河不游览瞻园终生遗憾"的说法更是体现了瞻园的独特魅力。

❶ 太平天国历史博物馆

瞻园太平天国历史博物馆是中国唯一的太平天国专史博物馆，博物馆分为四个展厅，分序幕、历史背景、金田起义、建都天京、制度政策、坚持斗争、抗击侵略、保卫天京和前仆后继九个部分，介绍了短暂的太平天国政权历史进程。

从南面的正门进入瞻园，四个展厅依次排列。展厅中央立有一尊天王洪秀全塑像，后方是郭沫若题写的"太平天国历史陈列"的匾额。陈列文物有天父上帝木玺、天王皇袍、忠王金冠、大旗、宝剑、石槽等300多件，其中最著名的当数三寸六分见方、四面龙文、中刻"旨准"的洪秀全木玺。

链接　洪秀全木玺

洪秀全印分金玺、玉玺、木玺三玺。金玺已毁，玉玺藏于中国国家博物馆，瞻园馆中的便是木玺。这块木玺于1975年由居住在瞻园路173号的主人翻修旧屋时在天花板内发现，1982年献出，经太平天国研究专家罗尔纲鉴定其确系洪秀全"旨准"印。

❷ 静妙堂

　　静妙堂是全园的中心，系一座面临水池的鸳鸯厅，它将全园分成南北两大空间，并置有南北两大水池。在静妙堂西侧，有一泓清溪沟通了南北两大水池，使南北两个格调鲜明的空间有聚有分，相互联系。水池旁有南石山和北石山两组，全系假山堆叠而成，但堆造之精，面积之大，确是巧夺天工。

　　假山上伸下缩，底部与水面相接，内有仿自然石灰岩的溶蚀景观，悬坠了几块钟乳石，造型实中有虚，虚中有实，层次丰富。山上的草木茂盛，另有牡丹、樱花、红枫等点缀其间，透露出勃勃生气。园内的两块奇石——仙人峰、倚云峰，相传是宋代花石纲的遗物，是瞻园名石的代表。

攻略

　　瞻园有一座古戏楼，坐在里面不仅可以品尝南京雨花名茶，而且能够观看经常上演的极具江南特色的文艺节目，如江南丝竹、江南小调、江南舞蹈、江苏民歌联奏、杂技、魔术、游戏《郡主招亲》（互动节目）等，节目形式新颖，内容丰富精彩。

点赞　👍 @细细雨静静听 廊檐曲折，峰回路转，琴声袅袅，回味无穷。瞻园，是个好去处，环境很美，很是幽静。恰巧当天看到盈盈一水间有两位姑娘身着红色汉服和乐轻舞，我就坐在时来运转石旁边的亭子里欣赏，不得不由衷赞叹。

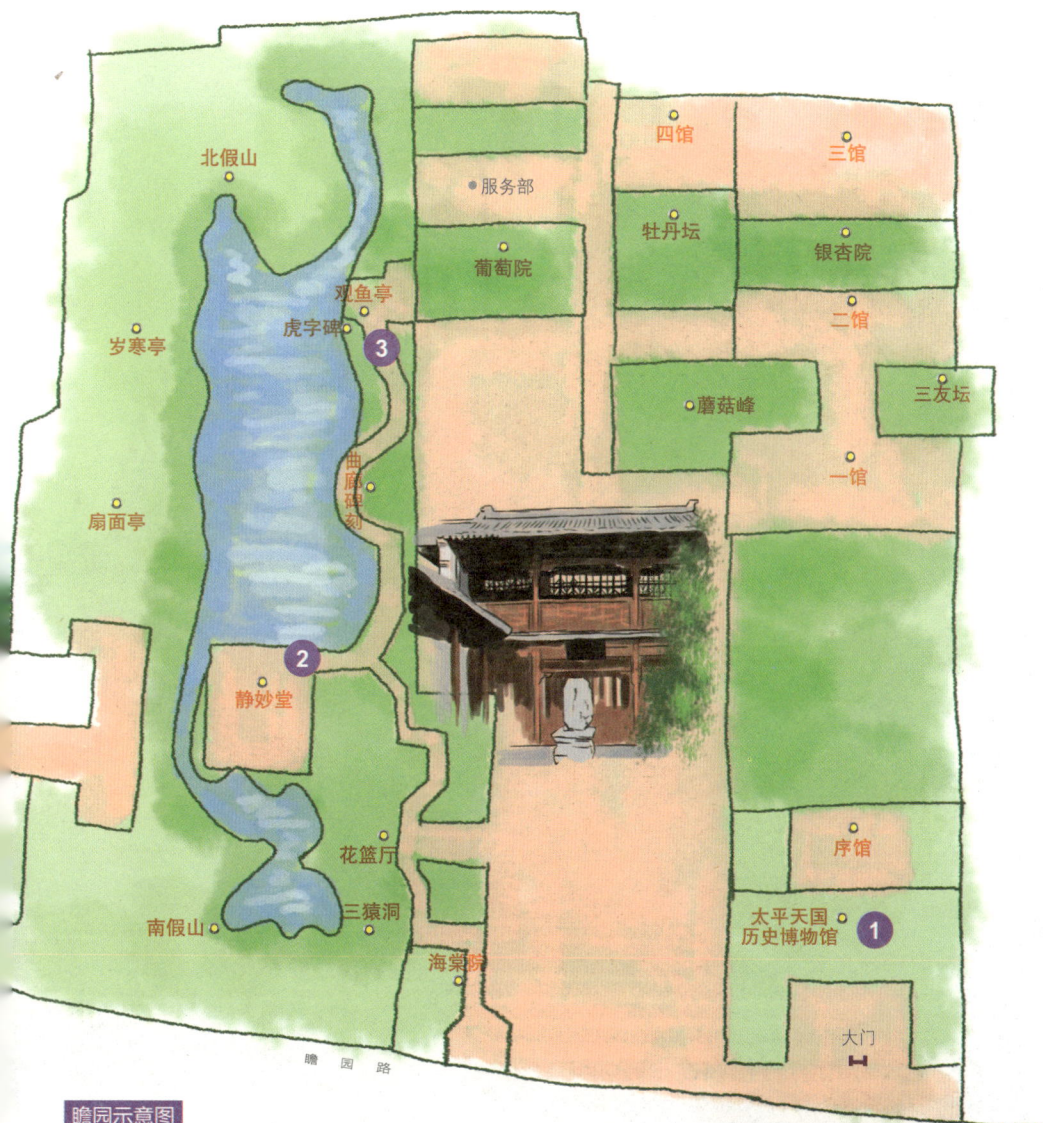

瞻园示意图

北假山

服务部

四馆

三馆

牡丹坛

银杏院

葡萄院

观鱼亭

虎字碑

③

岁寒亭

二馆

三友坛

蘑菇峰

扇面亭

曲廊碑刻

②

一馆

静妙堂

花篮厅

序馆

南假山

三猿洞

太平天国
历史博物馆

①

海棠院

大门

瞻园路

③ 虎字碑

　　瞻园的镇宅之宝——虎字碑，堪称"百年古碑，天下第一"。相传它是朱元璋称帝后御赐给功高盖世的虎将徐达的，又有一说法是，它是汪伪南京政府考试院院长江亢虎所书，众说纷纭，并无定论。细看虎字碑，碑上巨型草书"虎"字乃一笔挥就，字是虎，形也似虎，虎头、虎嘴、虎身、虎背、虎尾，清晰可辨，犹如一只猛虎在咆哮。

　　民间传说"摸摸瞻园的虎头，吃穿不愁；摸摸虎嘴，驱邪避鬼；摸摸虎身，步步高升；摸摸虎背，荣华富贵；摸摸虎尾，十全十美"，象征着福气的虎字碑深受游览者的喜爱。

中华门
石头城公园
狮子山阅江楼景区
玄武湖公园
大报恩寺遗址公园

南京深度游
Follow Me
★ ★ ★
做旅行的伴守者

微印象

@丁小米 漫步在南京的老城巷中，触摸着古城墙，感受着历史的气息，沿途的好风光让人心情大好。走在湖和古城墙之间，左边绿树葱茏湖光山色，右边古风沧桑，南京古城墙依山傍水的感觉真好。

门票和开放时间

景　点	门　票	开　放　时　间
中华门（东水关—集庆门）	50元	8:30~22:00
石头城遗址公园	免费	7:00~20:00
狮子山阅江楼景区	阅江楼40元，天妃宫、静海寺免费	阅江楼7:00~18:00（4月1日~10月31日），7:30~17:30（11月1日~3月31日）；天妃宫8:00~17:30；静海寺9:00~17:00。
玄武湖公园	免费	全天开放

景点星级

人文★★★★　美丽★★★　特色★★★　休闲★★★　浪漫★★　刺激★

　　南京古城墙指的是修建于明太祖朱元璋时期的明城墙，是中国历史上唯一建造在江南的统一全国的都城城墙，总共历时21年才建成。明时的城墙从内到外由宫城、皇城、京城、外郭四重城墙构成。数百年的沧桑，宫城、皇城、外郭三圈城墙已毁坏殆尽，唯有高大的京城城墙依然屹立。该城墙现存21.35千米，连接了包括中华门在内的13座城门。

仪凤门

仪凤门又称"兴中门"，位于狮子山南麓与绣球山之间，建于洪武初年，为明朝的13座城门之一，是南京所有城门距离长江最近的一座。2005年重修的仪凤门为三门拱的新一代城门，城楼雕梁画栋，处于山水之间，十分壮观。

绣球公园

绣球公园位于南京挹江门外西北侧，总面积9.53公顷，因园内有绣球山而得名。公园内修建有渡江胜利纪念馆和渡江胜利纪念碑，还有马娘娘脚印、东湖、观鱼池、西园三岛等景观，是旅游观光、休闲娱乐、革命教育的佳地。

小桃园公园

小桃园公园位于南京下关挹江门外、古城墙脚下，与绣球公园隔街相望，面临护城河，风景优美，清雅静谧。景区内树木郁郁葱葱，山清水秀，古今交融，环境幽雅，是供市民免费游玩、健身休闲的大型城市中心区开放公园。

南京古城墙示意图

狮子山阅江楼景区
钟阜门
仪凤门
金川门
绣球公园
明代南京城
小桃园公园
定淮门
石头城遗址公园
六朝石头城
清凉门
石城门
南唐金陵城
冶城
水西门
中华门
越城

神策门公园

神策门公园位于中央路以东，龙蟠路以南。公园以明代城门神策门得名，是中央门地区一道亮丽的风景线。神策门又名和平门，是南京明城墙的 13 座城门中保存最完整的一座，也是南京现有的所有城门中唯一保留有民国以前镝楼的城门。

神策门

神策门公园

明建业、建康都城

太平门

建康宫

明皇城

明皇宫

午门

朝阳门

月牙湖公园

承天门

洪武门

正阳门

通济门

东水关遗址公园

东府城

定门公园

月牙湖公园

月牙湖公园位于南京东郊，西临明代古城墙，东望紫金山麓，因湖面呈月牙状故名。公园依明代古城墙环湖而建，湖光、山色、古垣尽现其中。公园建有平台、曲桥及临水亭廊多处，宜临湖观景垂钓。湖中央有伴有音乐喷泉的水山舞台，规模为国内之最。

武定门公园

武定门公园位于秦淮区武定门外，北依夫子庙，东临秦淮河，占地 4.6 万平方米。公园以广场、绿化、仿古建筑为主，明代城墙贯穿其中，以城墙为背景的河岸山墙突出了淮文化。

113

南京城的变迁

　　南京是我国历史文化名城，具有悠久的历史。自公元前 472 年越王勾践在此筑"越城"，南京至今已有近 2500 年的建城史，约 450 年的建都史。

　　南京的城市格局最早可以追溯到公元 937 年。南唐王朝建立时定都金陵，都城向南迁移，将秦淮河两岸的商业区和居民区划为城内。城内开辟有中轴线御街，南京城市建设得以发展。

　　1368 年，朱元璋定都南京，修筑了宫城、皇城、京城和外郭城，南京城的规模得到了极大的扩展。明宫城位于今明故宫遗址公园、午朝门公园一带。皇城环绕在宫城之外，东西宽 2 千米，南北长 205 千米。京城按山川、江湖地理形势因地制宜而建，设有 13 座城门，总共长 33.7 千米，为世界之最。城市道路按棋盘式格局大规模修建，这一格局至今影响着南京。清灭明后，改"应天府"为"江宁府"。清代前期，南京城内布局变化不大。清末时，南京成为对外商埠，市区道路进行了改建。

　　中华民国成立后至 20 世纪 20 年代，南京城市面貌几乎没有什么变化，仍旧保持着清末格局。繁

华的地段为花牌楼（今太平南路中段）、府东街（今中华路北段）、三山街、北门桥、夫子庙、东牌楼一带。

　　南京国民政府期间，拟出了正式的南京城市建设的指导文件，从道路入手，开建干道系统，把城区划分为几个功能区来进行建设。例如，把紫金山南麓作为政治区，明故宫、新街口作为商业区，鼓楼作为文教区，山西路作为居住区等。

　　20世纪30年代是南京变化最大的时期，国民政府先后新建和拓宽了珠江路、广州路、上海路和莫愁路等数十条道路，至抗战前已形成了以新街口为中心，以中山路、中正路（中山南路）、中山东路、汉中路为南北东西轴线的道路系统，突破了明清以来的城市格局，城市布局和城市风貌发生了明显的变化，呈现出了新的都市风采；城南地区则变化不大，保留了明清时期的风格。发展至今，这里已经形成了集古典与现代风格为一体的南京城市格局。

中华门
南京古城墙的代表

微印象

@疙瘩図 承载着无数历史的古城墙，经历过大明的强盛，经受过日军的炮火。登上城墙，看如今的金陵城，六朝古都，多少楼台烟雨中。眺望着远处的车水马龙，回想着当年的金戈铁马，在藏兵洞中曾经有多少无名的英雄！

@仙桃云谷 我喜欢看南京的古城墙和古城门，它们总是散发出一种又威严又神秘的气息，这是现代的建筑所没有的一种气质。看着墙砖上的字，用手轻轻去摸那些字，有一种触摸到了历史的感觉。

门票和开放时间

门票：50元。

开放时间：8:30~22:00。

进入景区交通

位置：南京市秦淮区。

交通：乘地铁1号线到中华门站下，步行前往。

景点星级

人文★★★★　特色★★★★　美丽★★★　浪漫★★　休闲★★　刺激★

中华门是南京古城所有城门中最为雄伟的一座，始称聚宝门，位于雨花台景区北边。门前后有内外秦淮河径流横贯东西，南边交通连接长千桥，北边连接镇淮桥，是南京老城城南的交通咽喉所在。中华门是中国现存最大的城堡式瓮城，结构复杂，设计巧妙，在世界城垣建筑史上占有重要地位。

❶ 城门

中华门共设三道瓮城，由四道城门贯通，平面图形呈一个"目"字。朝南的第一座城门分上中下三层，第一层是城墙，中间为城门通道；第二层是楼基，为砖石结构；第三层是原为木结构的镝楼，三重檐歇山顶，但由于历经战火和风雨的洗礼，如今仅存台基残迹。中华门二至四道城门均为二层结构，上层为木质城楼，下层为砖石墙面。

中华门瓮城的东西两侧各建有一条宽 11 米的斜坡式登城马道，供守军骑马上城。每道城门两旁，都有宽和深各约 20 厘米的槽孔，用来启动千斤闸的滑道。千斤闸是一面包裹着铁皮的木门，利用绞盘提起和放下。当敌军侵入时，如果第一城门被攻破，便可放下第一个千斤闸，将敌人聚而歼之，就是所谓的"关门打狗，瓮中捉鳖"。而即使中华门的第一个瓮城被攻破，其后还有两个瓮城用于防守，可谓十分坚固。

> 点赞 👍 @五小呆 中华门城墙很有气势，宏大壮观，凝聚着古代劳动人民的智慧和汗水。沿着登城道的石阶慢慢地走上去，可以走到很高处。登高望远，心情自然也变得舒畅通达起来，自有一番不可言状的感觉在里头。

② 藏兵洞

中华门城堡中建有 27 个藏兵洞，第一道城门两侧各有 3 个较小的，城门第二层楼基中有 7 个较大的，城基中最大的洞长 45 米、宽 7 米、高 6 米，可容千人。战时，藏兵洞总共可藏兵 3000 人，平时这些藏兵洞可供士兵休息和存放军用物资。

城门楼基正中最大的藏兵洞中有南京城垣的模型沙盘，可以清晰地看到 13 座城门立体分布的情况和城墙的走向。大门洞中还展出了数十种城砖，是当时 152 个县烧制的城砖中的代表。每块砖长约 40 厘米，宽约 20 厘米，厚约 10 厘米，重约 15 千克。砖的侧面分别刻写着烧制工匠的名字和监造官员的名字，有草、隶、篆、楷、行等各种字体，丰富多彩。这些城砖上的书法篆刻技术沉雄浑厚，真可谓件件都是艺术品。

> **小贴士**
>
> 现中华门第一道城门的中层朝内一排为 7 个藏兵洞，洞内现设茶室，可供休息。茶室经营旅游纪念品，游玩的时候可供挑选。

③ 沈万三展厅

除了宏伟的城门、宽大的藏兵洞，中华门城堡的另一标志性景观则是元末明初江南首富沈万三展厅。据说，朱元璋在修建南京明代城墙的时候花费黄金 600 万两，这笔巨额的费用除了国库拨出来一半以外，很大一部分是向江南富户摊派的，其中沈万三就承担了 1/3 以上，所以现今便在中华门城堡中建了有沈万三雕像的资料展厅。

展厅内除展示有沈万三的各种画像、生平资料外，还有一个模拟的聚宝盆。该聚宝盆金光闪闪，供游人参观。画像虽几经更换，但仍栩栩如生。沈万三与聚宝盆的传说，依旧被人们津津乐道，口口相传。与沈万三展厅同时开放的还有雨花石馆、明城墙古城砖馆以及南京吉祥物貔貅馆，人们可以从中领略到南京古老文化的精髓。

④ 中华门广场

1995 年，中华路、雨花路改造，在中华门城堡周围，建成了中华门广场。广场面积近 10000 平方米，到处绿树环绕，周围架设了高杆照明宫灯和草坪灯，使城堡与广场连为一体。夜幕降临，华灯亮起，连成一片的中华门城堡和中华门广场相互衬托，显得更加雄壮巍峨。古老的城墙上留下的累累痕迹，为南京增添了一份古代文化的灿烂光辉。

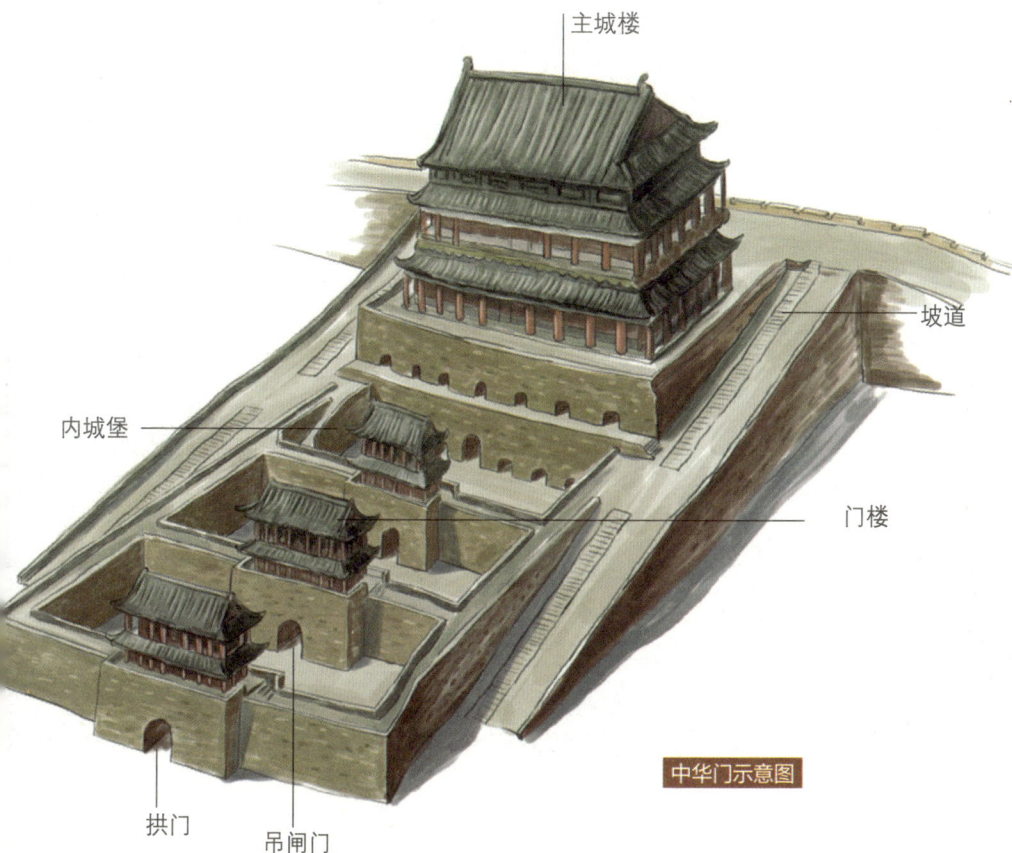

主城楼

坡道

内城堡

门楼

拱门

吊闸门

中华门示意图

攻略

美食 饕餮一族新发现

老门东历史街区邻近中华门，美食种类多，有上档次的老字号，也有接地气的小馆子，丰俭由人，可选择多。

应天大明王朝南京菜：主打南京本地菜，江南风味十足。太祖炭烤鸭、东厂韭香煎粉、皇家糯米狮子头等菜都是招牌菜，菜名大气又美味，性价比较高。

寻魏·金陵十二菜：老门东经典餐馆，环境雅致，菜品精致。雨花茶虾球、淮扬煮干丝、清炖狮子头、山药枣泥糕、溏心蛋红烧肉、松鼠鳜鱼都是招牌菜。

无名老卤面（中华门店）：邻近中华门地铁站，这家面馆虽然名不见经传，但味道却让本地人赞不绝口，经常座无虚席。大肉面是店里招牌，面条劲道，大肉肥瘦相间，汤汁浓厚。

石头城遗址公园
历史悠久的鬼脸城

@萌萌小笨笨 石头城公园的"鬼脸"在夕阳的照耀下，在青山绿水的陪衬下格外醒目。等到入夜，"鬼脸"在公园灯光的映衬下呈现出一种诡异神秘的姿态，远远望去，很是魅惑迷人。

@小心萍 石头城公园还是很漂亮的，亘古的城墙、蜿蜒的护城河、摇曳的柳枝……晴天的时候，公园里人也不多，很安静。雨天的时候，不一样的景色映入眼帘，不远处的秦淮河在雨幕中更加妩媚。

门票和开放时间

门票：免费。

开放时间：7:00~20:00。

最佳旅游时间

游览石头城公园四季皆宜，春秋最佳。3~5月公园里近万株杜鹃盛开，姹紫嫣红。9~11月，公园东侧的地带，各色树叶绚丽多彩，远视如一片彩霞。

进入景区交通

位置：南京市鼓楼区虎踞路87号。

交通：市内搭乘地铁2号线至汉中门站，步行1千米即到。

景点星级

人文★★★　美丽★★★　特色★★　浪漫★★　休闲★★　刺激★

　　石头城始建于楚威王七年（前333年），原为楚威王的金陵邑。东汉建安十六年（211年），吴国国主孙权迁至秣陵（今南京），在石头山金陵邑原址依山筑城，取名石头城。石头城扼守长江险要，自古为兵家必争之地，故有"石城虎踞"之称。

　　石头城公园占地面积20公顷，东临虎踞路，西抵明城垣，公园内地形起伏较大，山、水、城、林俱全，自然景观和人文景观十分丰富。公园分为国防园、石城霁雪、山居秋暝和西峰秀色四个景区，清凉门、明城墙、烽火台、燕王河等景点浓缩了石城虎踞的特色。

❶ 国防园

　　国防园景区于1992年建成开放，是南京市唯一的以国防教育为主题的专类园，整个景区占地5.62公顷。园内以展览馆为中心，北有燕王河，西临重兵器场，北靠石头城。

　　展览馆包括国防教育馆、军兵种馆和世界军事科技兵器馆。重兵器场陈列有飞机、大炮、坦克、鱼雷快艇、东风2号导弹等重兵器实物。军体娱乐园、模拟演练场位于重兵器场西侧，结合园内地形地貌，构筑了堑壕、各种猫耳洞、碉堡、机枪工事、迫击炮发射阵地等寓教于乐的参与性活动项目。

攻略

　　公园的主题花开为杜鹃花，从国防园沿山坡而上为杜鹃专类园，共有各类杜鹃近100000株，每逢四五月，满园杜鹃盛开，姹紫嫣红，适合取景拍照。

② 石城霁雪区

石城霁雪区位于石头城公园的西侧，北至清凉山，南至清凉门，沿古城墙呈带状分布，是石头城公园的精华所在。每逢冬季下雪之时，清凉山上雪花飞舞，一片洁白，形成"石城霁雪"的壮美景观。

古城墙全长 3000 余米，耸立在石崖上，依清凉山而筑，逶迤雄峙。古城墙厚实庄重，古朴苍凉。漫步在石头城下，赭红色卵石墙基、在岩墙上增砌的历代古城砖清晰可见。城墙高处筑有烽火台，站在石头城的烽火台上，远眺"六朝古都、十代都会"，只见秦淮岸边一片繁华的新楼。古燕王河是传说中的"燕王逃命河"，此处原有一条外秦淮河的小支流流经，现已难觅其踪影，只留下一块碑石"古燕王河"任人凭吊。

攻略

因南朝筑城墙直接砌在赭红色水成岩山崖上，山崖经长期的水流冲刷和自然风化，有一段形成面目狰狞的人脸形状，被称为"鬼脸"，此段城墙亦被称为"鬼脸城"。"鬼脸"前约 10 米处，有一长方形水潭，名"镜子塘"，鬼脸城与镜子塘构成了"鬼脸照镜子"的奇特风景。

③ 山居秋暝区

山居秋暝区在公园东侧的山林地带，面积约 3 公顷，种植有各种各样的植物，绿树葱郁，生机盎然，流连其中，可感受到盛唐诗人王维那首著名的田园诗的意境："空山新雨后，天气晚来秋。明月松间照，清泉石上流……"

山居秋暝区地形起伏较大，在不到百米的距离内高差可达 20~30 米。在低洼地，树木茂盛高大，有以枫香为代表的秋叶树种，深秋时节各树叶绚丽多彩，远视如一片彩霞，形成秋季艳丽的美景。

④ 西峰秀色区

西峰秀色区位于石头城景区山脊线附近的一片疏林草地，地势平坦，面积约 5 公顷。景点包括清凉竹坞、西峰秀色。

景区内大片的竹海和多姿的山林景观构成了春花和秋色相结合的观赏内容。公园的小路贯穿于翠色逼人的竹海林涛之中，与周围的树木草坪构成了一幅和谐的山水画，形成了以疏林、草坪、竹径、林海为特色的园林景观，与公园内的古朴城墙相互呼应。

> 点赞　👍 @仙境矿泉 西峰秀色区内的竹林，郁郁葱葱，伴着微醺的栀子花，几寸翠色，星点月白，调出的是一种被称作乡愁的情怀。

狮子山阅江楼景区

历经六百年历史风雨

微印象

@西丝轩主 一家人来到狮子山下，卢龙湖畔，看着蜿蜒曲折的明城墙，感受着静海寺的百年沧桑，仰望着雄伟的阅江楼，欣赏着如画的风景。

@有色无情霹雳小猫 10年没上阅江楼了，这里依然巍峨壮观。与身临其境相比，我还是更喜欢在长江大桥上远观它的夜景，山与夜浑然一体，只有空中楼阁熠熠生辉。今天登楼收获一副很有味道的楹联：佳山佳水佳风佳月千种佳境，痴声痴色痴情痴梦万辈痴人。

门票和开放时间

门票：阅江楼40元，天妃宫、静海寺免费。

开放时间：阅江楼7:00~18:00（4月1日~10月31日），7:30~17:30（11月1日~3月31日）；天妃宫8:00~17:30；静海寺9:00~17:00。

进入景区交通

位置：南京市建宁路202号。

交通：市内搭乘10、12、21、54等多路公交到阅江楼风景区东公交站下。

景点星级

人文★★★★　美丽★★★　特色★★★　浪漫★★　休闲★★　刺激★

狮子山阅江楼景区位于南京城西北面，北边是厚实的明城墙，西边不远处为浩浩荡荡的长江。阅江楼景区总面积31公顷，其中水面占1/3，陆地占2/3。

狮子山阅江楼景区以历史悠久的阅江楼为中心，周边分布有静海寺、天妃宫、古炮台、古城墙、地藏寺、五色土、五军地道、孙中山阅江处等30余处历史遗迹和著名的人文景观，是一个融人文景观与自然景观于一体的知名旅游胜地。

1 阅江楼

阅江楼坐落在高78米的狮子山上，有着"狮岭雄观"和"江南四大名楼"之美誉，历来为金陵四十八景之一。明太祖朱元璋曾在此以8万军队大败陈友谅40万人马，为纪念战争胜利，下诏在山顶建造阅江楼，并亲自撰写了《阅江楼记》，但终因种种原因当时的阅江楼未建成。

现在的阅江楼于2001年建成，结束了"有记无楼"的历史。该楼高52米，共7层（外观4层暗3层），其高度、体量、气势可与岳阳楼、滕王阁、黄鹤楼三大江南名楼相媲美。阅江楼碧瓦朱楹、檐牙摩空、朱帘凤飞，具有鲜明的明代风格和古典的皇家气派。

阅江楼内以明文化为主题，分别展示了明朝16位皇帝造像和明朝版图。此外，还有瓷画《郑和下西洋全图》、《江南四大名楼》双面绣、《阅江楼记》汉白玉雕刻、阅江楼鼎和狮岭阅江浮雕等作品，工艺精湛，独具特色，充分体现了阅江楼的历史源远流长，文化底蕴丰厚。

西出入口　卢龙桥
五色土　地藏寺　1
阅江楼
阅江楼西门
太平军破城处
3
静海寺
2
天妃宫
热河路

小贴士

景区内有一个专门销售纪念品的区域，里面可以购买到各种各样的旅游纪念品，如阅江楼模型等，游玩的时候留作纪念是一个不错的选择。

攻略

历史上，狮子山南面就是郑和600年前建的造船厂，当时造了大量宝船，并留下了宝船模型。在此背景下，中国最大的景德镇瓷画《郑和下西洋》就展示在阅江楼二层，气势恢宏，人物栩栩如生。壁画背后，是"江南四大才子"之一祝枝山的书法，还有唐伯虎的绘画等，值得观赏。

点赞 👍 @婕宝 阅江楼，城北最推荐的景点。山势略高，爬行不易，山色翠绿得如此摄人心魄。喜欢在塔顶看南京，放眼望去，心胸开阔，默诵小学课本里的《南京长江大桥》，这就是老南京人对这座城市爱的方式吧。

卢 龙 湖

明城墙

七孔醒狮桥

阅江楼东门

孙中山阅江处

古炮台

《阅江楼记》碑

沉威亭

朱元璋像

登山电梯

铜鼎

狮岭壁画

游客中心

青铜浮雕

④

南门停车场
（办公区）

寓思亭

卢龙胜境牌坊

石狮

仪凤门

阅江楼南门

狮子山壁画

路

东门入口广场

② 天妃宫

　　天妃宫位于阅江楼南面，该宫始建于永乐五年（1407 年），是明永乐皇帝为纪念郑和下西洋归来钦定敕建的。宫中原来竖有朱棣亲自撰写的碑文《御制弘仁普济天妃宫之碑》，日军侵华时，天妃宫毁于战火，石碑被移至静海寺内。

　　重建后的天妃宫占地约 1.7 万平方米，采用明代官式建筑的形制和风格，主要由东西两轴线建筑院落组成。其中，西轴线为两进院落，设有天妃宫大殿、玉皇阁及两侧配殿等；东轴线为双进院落，主要设有观音殿和两侧配殿，另塑妈祖供奉像，恢复了明代天妃宫的恢宏气势，成为吸引海内外各界人士祈求福祉的胜地。

> 点赞 　👍 @清尧 在面目慈悲的佛面前低头冥想，不为祈福，只为心安。偶有风起，满地落桐，疾风吹水，不过片刻浮沉。

125

攻略

每年除夕，天妃宫都会举行盛大的新年撞钟活动，还有宗教法事、高僧诵经祈福等多项内容。每年的农历三月二十三，阅江楼景区会举行盛大的妈祖祭拜仪式，通过祭拜、巡游、欢乐腰鼓、木兰秧歌等活动祈求妈祖保佑平安顺意。

❸ 静海寺

静海寺位于狮子山西侧，始建于明朝永乐九年（1411 年），是明成祖朱棣为纪念航海家郑和下西洋凯旋而敕建的。它还是我国近代史上第一个不平等条约中英《南京条约》的议约地。

静海寺现被辟为《南京条约》史料陈列馆。陈列馆分为"硝烟北移，寇入长江""媾和议约，丧权辱国"和"沧桑百年，毋忘国耻"三个部分，通过图片、史料、照片和实物等记述了鸦片战争的历史。

在偏殿后设置了主副五个展厅，建成一组局部三层的明清风格建筑，并模拟制作了条约签署处——"康华丽"号的军舰模型、沙盘、蜡像等，以声、光、电手段丰富了《南京条约》的史料陈列展览。

点赞 👍 @左手画出的音符 静海寺是阅江楼景区的一部分，从狮子山下来步行五分钟就到。中国历史上第一个不平等条约《南京条约》就是在这议约的，相关史料展示做得很用心。寺庙不大，游人也不多，十分清静。如果是有小孩的家庭，不妨在看完浩瀚长江后，再到这里来回顾下历史。

④ 玩咸亭

　　玩咸亭坐落在狮子山东南半山腰，始建于明嘉靖十五年（1536年），亭边原有一个泉水潭，因"山上有泽"，在《易经》中属于"咸卦"，故名"玩咸亭"。玩咸亭为双层重檐木质仿古亭，中间立有《重建玩咸亭记》石碑，其上匾额为曾任中国佛教协会副会长的茗山大师所题。

　　玩咸亭是赏览狮子山风景的绝佳胜地，登上亭子，只见周围山石奇崛，树木茂密，微风习习，赏心悦目，远处的钟山像龙般盘踞在东边，长江像一条白带环绕在西边。

> **点赞** 👍 **@赵小书** 在玩咸亭俯瞰南京，风景不错，林立的高楼和高楼上的广告牌也进入眼帘。不禁遥想，若是古代，白墙黑瓦的南京会是怎样的，一定很美！

玄武湖公园

碧波潋滟的金陵明珠

@义强 南京玄武湖公园，是我这个艳俗游客眼中看来绝不艳俗的湖滨公园！

@莲子心中深深意 玄武湖公园内游人接踵，游船密布，花红柳绿，帐篷林立。这里的湖光山影、洲岛堤径隐隐约约有种曼妙的感觉。一直走到我双脚投降，却发现还有一半的风景在前方。

门票和开放时间

门票：玄武湖免费，鸡鸣寺：5元（春节期间20元）。

开放时间：玄武湖湖中五洲6:00~18:00，双休日闭园时间为20:00，环湖路24小时开放。鸡鸣寺：7:00~17:00（农历二月十九、六月十九、九月十九的前一天晚上和除夕晚间开放）。

最佳旅游时间

游览玄武湖公园全年皆宜，春夏最佳。3~5月的玄武湖公园樱花繁开、垂柳掩映，湖心荡漾着小船，空中翻飞着风筝，色彩纷呈，分外醉人。7~9月，公园内的荷花开放，种类多样，再加上古树参天，枝叶繁茂，这里成为休闲纳凉的好去处。

游览鸡鸣寺四季皆宜，春季最佳。3~5月寺前樱花盛开，景色迷人。

进入景区交通

位置：南京市玄武区玄武巷1号。

交通：市内搭乘地铁1号线到玄武门站下车即到。

景点星级

美丽★★★　休闲★★★　特色★★★　人文★★　浪漫★★　刺激★★

玄武湖公园位于南京市玄武区，由玄武门和解放门与市区相连，是江南最大的城内公园。玄武湖湖岸呈菱形，周长约10千米，占地面积5.13平方千米，其中水面3.78平方千米，陆地1.35平方千米。玄武湖中分布有环洲、樱洲、菱洲、梁洲和翠洲五个景区，构成了环洲烟柳、樱洲花海、菱洲山岚、梁洲秋菊、翠洲云树等主要景点。五洲之间，洲洲堤桥相通，浑然一体，处处有山有水，景色迷人。

玄武湖公园四周环抱有巍峨的明城墙、秀美的九华山、古色古香的鸡鸣寺，一步一景，终年如画，是古都南京名胜古迹的荟萃之地，也是南京市最大的综合性文化娱乐休闲公园。

① 环洲

从玄武门开始，是一条形如玉环的陆地，从南北两面深入湖中，即为环洲。步入环洲，可见玄武湖碧波荡漾，细柳拂动，宛如烟云舒卷，故有"环洲烟柳"之称。环洲的南端分布着假山瀑布，尽显江南园林之美。其中以构成"童子拜观音"景点的一组石头尤为壮观，其形态神似观音，惟妙惟肖，是宋代花石纲的遗物。

环洲北岸莲花港畔建有一座民国时期的藏传佛教的"喇嘛庙"和一栋纪念西藏法师诺那的诺那塔。喇嘛庙是一座面阔三间的单檐歇山式殿堂，形制古朴，掩映于几棵高大的银杏树之中，上有牌匾写着"圆觉宗诺那师佛纪念馆"。大殿中陈列有释迦牟尼、文殊菩萨等佛像。诺那塔位于殿前的东南方向，是一座仿唐宋风格的九级六面宝塔，最底层塔壁刻有《普佑法师塔碑铭》。

攻略

环洲内的月季园内汇聚有数十种、几千株色彩不一、三季常开的月季。著名的有黄和平、月月红、长春花、斗雪红等。这些月季颜色艳美，花期长久。园内中央有一棵200年树龄的古杏树，每年秋季，落叶翻飞，硕果累累，是游玩拍照不可错过的好风景。

点赞 👍 @诗风轩 早早春意蔓枝头，花径暗香流。昨日清明，姹紫嫣红，雾绕琼楼。早窗晨起喜鹊闹，何处惹春愁？园内湖畔，杜鹃正红，红杏娇柔。——四月四日于南京玄武湖公园环洲。

② 樱洲

　　被环洲所环绕的小洲即是樱洲，樱洲因遍植樱桃而得名，处环洲怀抱之中。每逢春天，洲上盛开的樱花飞舞轻扬，美艳动人，素有"樱洲花海"的美誉；到了秋季，如火如霞的樱桃缀满枝头，煞是可爱。

　　著名的樱洲长廊修建于 20 世纪 50 年代初，又名"中苏友好长廊"。画廊连接着的位于樱洲东北面的樱洲长廊原貌不改，长达 304 米，九曲回环。几十年来，长廊虽几经修缮，建筑材料由原来的竹木改为现在的钢筋水泥，栉风沐雨，却仍旧保持着当年的风采。

链接　樱洲长廊的由来

　　20 世纪 50 年代初，宋庆龄在南京参观访问期间曾荣获一笔国际和平奖金。她将这笔奖金转赠给了南京市政府，用这笔奖金在樱洲建造了一座蜿蜒曲折的长廊，便是现在的樱洲长廊。因为宋庆龄当时担任中苏友好协会会长，所以建成后的长廊被命名为"中苏友好长廊"。

点赞 👍 @深岫幽兰 见报得知，玄武湖公园樱洲的樱花已到盛花期，上午我和朋友特意漫步前去观赏。园区内虽不是整齐划一的格局，但各种树木穿插，开黄花的重瓣棣棠和开红花的紫玉兰相互映衬，也别有一番风味。

③ 梁洲

　　由环洲向北过芳桥便可到梁洲，梁洲是五洲中开辟最早、风景最胜的一洲。梁洲最著名的景色当数洲上的盆景园。盆景园占地 2000 多平方米，由展馆、温室、园中园三部分组成，园内曲径通幽，回廊曲折。游览其中，便觉小小院落变化无穷，数以千计的盆景陈列其中，错落有致。盆景园还是玄武湖举办各种花事精品展的重要展区，尤其是以每年的秋菊展著称。每到金秋，这里姹紫嫣红，繁花似锦，妍丽动人。

　　湖神庙是梁洲上的一座古木艺术馆，又名毛老人庙。湖神庙是南京市一处集古木科普、艺术鉴赏、环保、爱国教育于一体的文化传播场所，馆内有 30 多件取材名贵的作品展览。

故事　湖神庙的传说

　　明朝皇帝朱元璋为建"皇册库"，选址玄武湖。他下旨驱逐湖上渔民。渔民不依，推选一个叫毛老人的渔民与朱元璋谈话。毛老人对朱元璋说玄武湖里老鼠太多，恐成祸害咬噬皇册库。朱元璋听后，便因"毛""猫"同音，要毛老人伏鼠，册封其为皇册库总监。毛老人心知朱元璋想借此赶走渔民，不予答应，被官员关入地牢，活活饿死。后来渔民被赶走了。皇册库建成时，朱元璋前来视察召见毛老人，却听说毛老人已死，心中感慨，就造了一座毛老人庙，命人多添香火以镇湖上老鼠。清朝初年，皇册库和毛老人庙被毁。后来重建时在庙前挖出了一副铜钩，传说是毛老人的帐钩子。人们在挖出铜钩的地方挖了一口井，在井栏上刻了"铜钩"两个篆字，保留至今。

④ 翠洲

　　从梁洲沿湖堤过翠桥就是翠洲。翠洲的特色为树多僻静、松柏成林，巨伞般的雪松、宝塔形的松柏与成片的竹林成连绵状，十分幽静。这里长堤卧波，绿带缭绕，苍松、翠柏、嫩柳、淡竹，被誉为"翠洲云树"。

　　如今在洲南面水上筑起了一座仿傣族风情的水寨——绿漪小榭，它由 20 余间小竹屋组成，各屋间竹桥相连，游人坐在屋中或品茗，或进餐，或弈棋，或高歌，如在舟中，情趣独特。

❺ 菱洲

菱洲位于玄武湖中心，以一条路径连接环湖路。因其过去盛产红菱，且能观赏到“千云非一状”的钟山云霞，自古就有“菱洲山岚”的美名。洲中山峦萦回，风轻水漾，自然风光美不胜收。

洲上有全国最大的飞禽生态园，共有珍稀鸟类 200 余个品种，10000 余只，其中国家一、二级保护珍禽几十种，国外珍禽数十种。生态园设有鸟艺剧场、孔雀东南飞表演场、大型人工瀑布、天鹅湖、鸳鸯溪、鸵鸟园、猛禽笼、鸣翠园等景点。漫步生态园，既可尽情观赏园内五彩斑斓的珍奇异鸟，又可欣赏鸟艺剧场诙谐的鸟艺表演，还能体验亲手喂鸟的乐趣。

点赞 @铁板星要回二次元了 真心喜欢菱洲上的建筑，高高的芦苇环绕，鸟儿在周围或停歇，或展翅。只可惜来的季节有些晚了，若是夏天，景色一定分外迷人。静静地凝视，《红楼梦》里的紫菱洲和藕香榭，应该就是这样的吧。

和平门
湖滨广场
览胜楼
3
梁洲
4
翠洲
观鱼池
南京水上乐园
芳桥
白苑餐厅
情侣园
6
莲花广场
1
环洲
儿童乐园
2
樱洲
5
月季园
童子拜观音
玄武门
菱洲
飞禽世界
二龙戏珠
玄武湖
高尔夫会馆
7
武庙闸
鸡鸣寺
解放门
九华山公园
8
太平门

玄武湖公园示意图

❻ 情侣园

　　情侣园位于玄武湖畔，钟山之西，是以展示野生药用植物为主，兼游览、休憩及婚礼系列服务的江南自然山水园。园内各类鲜花植物品种丰富，有桃花、郁金香、玫瑰、向日葵等，一年四季接次盛开，意境幽远，画意甚浓。此外，园区内还种植许多名贵的中草药，淡淡的香草气息夹杂着花香，集观赏价值与实用价值为一体。

　　情侣园内流水环绕，草色葱郁，众多石拱桥排列在流水之上，亭台楼阁错落有致地散布其间。站在情侣园举目远望，东有巍巍钟山，南有鸡鸣寺药师佛塔和九华玄奘塔，蜿蜒的明城墙沿着玄武湖向西而去，自然风光和人文景观交相呼应。

　　情侣园是南京市最有名的一处婚纱摄影地，景区除了各种各样的花卉园地可以作为拍摄背景外，还有象征中式传统古典婚礼和西式浪漫婚礼的景点，如良缘门、月老雕像、欧式教堂等，都是情人们常去拍摄的景点。

> **点赞** 👍 @月末圆 想来这情侣园定是拍婚纱照的绝佳场合，稍稍走动，便看见四对情侣在拍照。园内的风景对得起这些恋人，郁金香、杜鹃、牡丹、桃花、山茶、樱花、油菜花交相辉映，处处花香，一步一景。

❼ 鸡鸣寺

　　鸡鸣寺位于鸡笼山东麓，始建于西晋，是南京最古老的梵刹之一，自古有"南朝四百八十寺之首寺"的美誉。鸡鸣寺集山、水、林、寺于一体，环境幽雅，宝刹庄严，铜佛闪耀。寺内楼阁参差，殿宇辉煌，浮图耸空，香火缭绕，游客不绝。

　　鸡鸣寺现有大雄宝殿、观音殿、韦驮殿、佛堂、药师佛塔和胭脂井等主要建筑。观音殿内供奉有一尊面北朝南的倒坐观音菩萨像。佛龛上的楹联写有"问菩萨为何倒坐，叹众生不肯回头"，让人久久回味。药师佛塔高 44.8 米，七层八面。塔内供奉一座明代青铜铸造的药师琉璃光如来佛像。1992 年版本的《新白娘子传奇》中的雷峰塔取景之地便是鸡鸣寺药师佛。豁蒙楼在鸡鸣寺的最高处，为纪念"戊戌六君子"之一的杨锐而建。登豁蒙楼，可饱览明城墙、玄武湖、紫金山、幕府山等众多景点。玄武湖的绿波、十里堤的烟柳、逶迤的城墙，五光十色，尽收眼底。

> **点赞** 👍 @噫吁嚱 微风拂过枝头，落英缤纷。樱花似乎没有报道中的繁茂，却丝毫不影响游人的情致。据说今天是观世音菩萨的生日，鸡鸣寺的香火尤为旺盛。吃一碗素斋，赏一赏樱花，其乐无穷。

鸡鸣寺的传说

传说在很久以前，玄武湖边的九华山上有一条蜈蚣精，经常祸害人间，危害极大。玉皇大帝得知此事，便派在天宫中报晓的金鸡下凡，震慑蜈蚣。金鸡到了凡间，站在北极阁山顶，一声啼叫，蜈蚣精被这震耳欲聋的啼叫声吓得匆匆逃脱。

不甘失败的蜈蚣精调整了状态，又冲上山顶，疯狂地喷吐毒焰。金鸡从北极阁山顶飞奔而来，咬住蜈蚣精，双方一番搏斗。蜈蚣精被咬死后，金鸡也因中毒太深而亡。从此以后，九华山下的百姓脱离了灾害，为纪念金鸡，便把北极阁山上的那座寺庙称为"鸡鸣寺"。

攻略

鸡鸣寺自然风光优美，进入3月中旬，路两旁的樱花一并绽放。抬头望去，眼前的樱花如雪如云，蔚然一片，十分壮观。一朵朵，一丛丛，一簇簇，花团美秀，迎风摇曳。更有一些新近嫁接的樱花树，一树两色，半白半红，很是惊艳。

每逢农历二月十九观音诞辰、六月十九观音成道日、九月十九观音涅槃日凌晨即可进寺朝拜。

❽ 九华山公园

九华山是钟山余脉西走入城的第一山丘，海拔61米，面积12.9公顷，因山形像一只反扣的船又名"覆舟山"。南朝时期，九华山曾是皇家园林"乐游苑"的所在之处，是当时帝王将相消夏纳凉、娱乐休闲的福地。

九华山公园依九华山而建，北隔明城墙，毗邻玄武湖，因景色优美、绿树环绕，素有"城市山林"的美称。景区内明古城墙依山而行，湖光山色，雄城塔影，身处闹市却恬然幽静。园内为纪念唐代高僧玄奘法师所建的三藏塔更是玄武湖畔的标志性景观，有"金陵四十八景"之一的"九华丹青"的美名。

攻略

1. 九华山北面的悬崖置有攀岩场地，分自然攀岩和人工攀岩两种，高度均在15米以上。公园内的牵引横渡落差20米，长120米，离地面20米，由两根钢缆组成的，惊险刺激。

2. 公园内另外还设有专供滑板和小轮自行车爱好者练习的V形台等。北方盛行的"拓展"运动设施也在此落成，它综合了跑、跳、攀爬等运动，非常刺激。

大报恩寺遗址公园

中国南方首座佛寺遗址

@头文字X 大报恩寺遗址景区不仅仅是一个旅游景点，更是一座历史的丰碑，一座文化的宝库。它让我们铭记过去，珍惜当下，展望未来。在这里，我们与历史相遇，与文化相拥，感受到了人类文明的源远流长和博大精深。

@爱是永不止息 大报恩寺遗址公园是游金陵者必至处，经过全新的设计，巧妙地把遗址和建筑结合起来，在整个游览过程中，有非常多的网红打卡点。

门票和开放时间

门票：成人120元，亲子票（一大一小）180元；夜游票成人69元，儿童、老人35元。

开放时间：8:30~17:30（7、8月暑期延长至19:30），夜游时间16:00~19:30。每月最后一周的周三闭馆。

进入景区交通

位置：秦淮区雨花路1号。

交通：地铁1号线到中华门地铁站下，步行或换乘2、16、38等多路公交可到。

景点星级

人文★★★★ 休闲★★★ 特色★★★ 美丽★★★ 浪漫★★ 刺激★★

大报恩寺遗址是中国规格最高、规模最大、保存最完整的寺庙遗址。建筑布局总体上可分为南北两大区，最重要的建筑分布于北区，其主要轴线上的建筑已梳理完成并建设成遗址公园。而附属建筑位于南区，仍在考古之中。

遗址公园中保护性展示了大报恩寺遗址中的千年地宫和珍贵画廊，以及从地宫中出土的石函、铁函、七宝阿育王塔、金棺银椁等世界级国宝文物。

❶ 地面遗迹

目前地面残留遗存有明时的香水河桥遗址、两座御碑亭、古塔基遗址。

大报恩寺按明朝"准宫阙规制"建造，所以也按宫阙中的金水环绕有香水河。香水河桥为石拱桥，桥面中央铺设有一排宽约2.5米的青石板。香水河桥往前于天王殿前南北各有御碑亭一座，即南碑为永乐御碑，北碑为宣德御碑。永乐御碑刻制于明永乐二十二年（1424年），碑文为明成祖朱棣撰写，讲述了他建造大报恩寺的缘起和想法是为报"父母大恩"，现存龟趺座。宣德御碑立于明宣德三年（1428年），碑文为歌颂明太祖朱元璋、明成祖朱棣、明仁宗朱高炽三位先皇的功德，现存残碑和龟趺座、底座。

地面遗迹还有大雄宝殿遗址、塔基遗址、观音殿遗址、法堂遗址等。馆内通过电子屏幕和实体装置展示，回顾了大报恩寺的前世今生。

链接　大报恩寺的前世

大报恩寺历史可以追溯到三国时期。其前身是东吴赤乌年间（247年）建造的建初寺及阿育王塔（供奉舍利），是继洛阳白马寺之后中国的第二座寺庙。建初寺后因战火被毁，后世在原址上不断重修，寺名也多次更改。

北宋端拱元年（988年），一个和尚发现了玄奘大师的顶骨舍利并带回寺庙，于是开始建塔，佛塔名为圣感舍利塔，这枚舍利也是目前世界上发现的唯一一枚顶骨舍利。元末寺庙毁于战火。明时朱元璋又开始了原址重修，可惜又在永乐六年（1408年）的火灾中化为灰烬。

从东吴建业到南明京的漫长历史中，寺庙毁了建，建了毁，兴衰沉浮千年。永乐十年（1412年），明成祖朱棣在原址上重建寺庙和九层琉璃宝塔，赐名"大报恩寺"。很可惜的是，太平天国年间，战火再次覆灭了大慈恩塔寺。

❷ 千年地宫

经过系统的考古发掘，陆续确定了报恩寺中轴线等建筑基址，并在遗址深处发现了地宫。

地宫为圆形竖井式，从现存地表开口至埋藏坑底部共深达6.74米，是中国发现的最深的佛塔地宫。地宫从上到下，有规律地填充，一层夯土，一层夹石夯层，在第25层下中心发现石函，石函里藏铁函，铁函里藏阿育王塔。

塔高1.1米，总重50千克，是目前全世界范围内已发现的最大规格的阿育王塔。塔内供奉着两套金棺银椁，内藏有佛顶真骨舍利、感应舍利和诸圣舍利。其中佛顶真骨是全世界现存唯一的一枚。此外，地宫中也出土有许多用于供养舍利的宝器。

链接　阿育王塔

阿育王塔因印度孔雀王朝的第三代国王阿育王而得名。佛教徒阿育王为了弘扬佛法，搜集了释迦牟尼佛的舍利，让高僧带着这些舍利去全世界宣扬佛教，并在当地建造佛塔来供奉舍利，修来供奉这些舍利的塔就是阿育王塔。中国古代多地建有阿育王塔并保存至今。

南京深度游
Follow Me
★ ★ ★
慢旅行的伴导书

南京博物院

六朝古都的见证

微印象

@汪汪叫的猫咪 南京博物院是全国四大博物馆之一。南京这个自古以来就拥有帝王之气的古老城市，博物馆里展示的文物种类多样。除了这些展品，我也顺便欣赏了一下博物院这座古老的建筑物，每一砖一瓦都凝聚着设计者的智慧，这也是一件珍贵的古董啊。

@漫漫心路结 很喜欢那儿的氛围，安静地欣赏是一种享受。博物院外面草地上摆放有古时的大炮和收集于民间的石刻，掩映在桂树绿荫之间。这里是我非常喜欢的地方呢！

门票和开放时间

门票：免费。

开放时间：9:00~17:00（暑假期间延时至18:00），周一闭馆。

进入景区交通

位置：南京市玄武区中山东路321号。

交通：市内搭乘地铁2号线至明故宫站，步行500米即到。

景点星级

人文★★★★ 特色★★★★ 美丽★★★ 浪漫★★ 休闲★★ 刺激★

南京博物院是我国第一座由国家投资兴建的大型综合类博物馆，首批国家一级博物馆，珍贵文物数量仅次于故宫博物院。

它坐落于南京市紫金山南麓，中山门内北侧，占地70000余平方米。博物院由历史陈列馆、艺术陈列馆两座展馆和沁园组成，均为仿辽宫殿式建筑，黄瓦红柱，巍峨壮观。院内草木葱茏，遍种桂花，每逢秋季花香扑鼻，各种石刻文物点缀其间，人文景观与自然景观相映成趣。

博物院藏品极为丰富，上至旧石器时代，下迄当代，包括石器、陶器、玉器、青铜器、瓷器、竹木牙雕、民俗和当代艺术品等，都具有很高的历史、艺术和科学价值。

南京博物院现为"一院六馆"格局，即历史馆、特展馆、数字馆、艺术馆、非遗馆、民国馆。

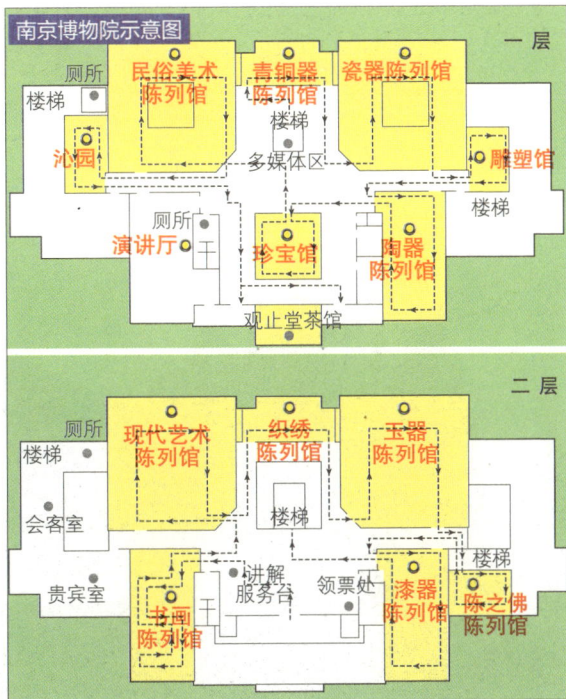

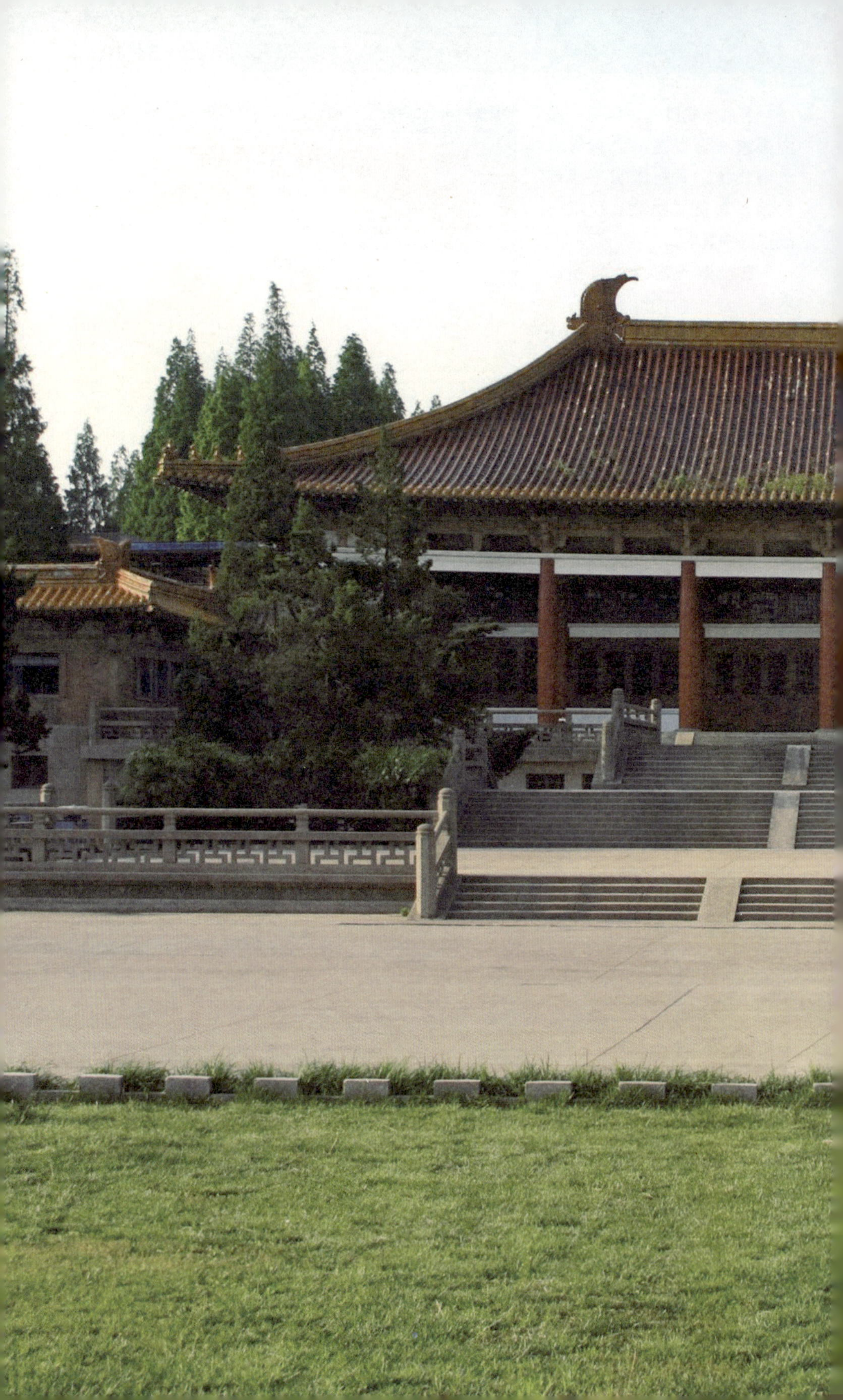

Follow Me 南京深度游

❶ 明清瓷器馆

　　瓷器是中国古代伟大发明之一，也是让世界了解中国的最具代表性的古代贸易商品。南京博物院馆藏瓷器绝大多数为明清时期的官窑传世品。明清瓷器陈列馆展出了近600件精选展品，展品年代从明朝初年到清朝末年，展品品种包括青花、五彩、釉里红等十余种精品，有绿釉紫龙盘、金釉珐琅彩法轮、明永乐青花云龙等珍贵文物。

> **点赞** 👍 @ 小小的漂泊者　公司组织活动来南京博物院，这里的藏品种类丰富又很罕见，尤其是瓷器馆的瓷器，大都是明清时期的藏品，有出土的古代玉饰、宫廷传世的奢华用品等。它们看起来清莹透澈，光泽度很好，藏品旁边都有文字说明。

❷ 陶艺馆

　　南京博物院陶艺馆与瓷器馆相邻，位于艺术馆一楼。陶艺馆展出了从新石器时代到明代的近100件陶器珍品，如猪形陶罐、陶豆等当时古人们的日常生活用品。馆中的汉代陶俑生动活泼，生活气息浓厚；唐代舞俑、动物俑、唐三彩充分地反映出了盛唐高度发达的经济。

　　中国古代陶艺既是一部艺术史，又是一部社会生活史，是我们认识古代社会生动形象的风俗画卷。

> **点赞** 👍 @ 水蜜桃　南京博物院展示了南京身后的文化底蕴，是最应被珍惜的地方。喜欢古物的朋友一定要去博物院看看，陶俑、金缕玉衣、云锦……宝贝很多，叫人大开眼界，整体环境清幽，值得一往！

③ 青铜器馆

南京博物院青铜器陈列馆陈列的青铜器均为江南地区出土的青铜精品，它们有别于北方青铜器的雄浑凝重，显示出了江南器物特有的小巧隽秀的特点。展品陈列年代从商代晚期到东汉，依照酒食器、乐器、军乐器、盥洗器和陈列器五个部分展出。这些精美的青铜精品如同一面面镜子向我们展示了中国青铜时代的礼乐文明。

馆中有一件立鸟镶嵌几何纹铜壶，周身采用了错银装饰，镶满了绿松石。壶的造型纤巧灵动，采用青铜器中少见的束腰造型，壶底以三只传说中的大力神鸟作为底足，壶顶中央的展翅鸿雁寓意着志向高远，是战国时代高级贵族才能享有的物品，尤为珍贵。

链接　错银饰青铜牛灯

青铜器馆中东汉的错银饰青铜牛灯是一件国宝，由灯座、灯盏、烟管三部分组装而成。灯座是一个俯首站立、双角上耸、四足矮而敦实、尾卷曲向上、雄浑壮硕的黄牛。牛腹中空，背负圆形灯盘，灯盘一侧设置扁平把手，便于转动灯盘。盘上饰两片可以灵活转动的灯罩，其中的一片刻镂空菱形斜方格形纹，起到散热、挡风和调光的作用。牛首上有一弯管与灯体相接，是烟管又是灯把手，一举两得。三部分均可拆卸，使用和擦洗相当方便。

④ 江南锦绣馆

云锦是南京的特产，因为美若云霞而得名"云锦"。它和苏州的宋锦、四川的蜀锦并称为三大名锦。锦绣馆中除展出有 100 多件代表性的云锦作品外，还有一台大型的云锦提花织机，现场为大家演示云锦的制作过程。南京的云锦不仅仅是美若云霞，更是千百年民族文化遗产中的活化石。

锦绣馆二楼的绣房里有丰富多彩的苏绣精品，观众还可以欣赏到绣娘一针一线的现场表演。

⑤ 漆器馆

南京博物院漆器馆展出了我国各个时期风格鲜明的漆器 100 余件。在展出的文物中，有纹饰精美的汉代七子文奁、光泽如新的南宋朱漆圆盒、别致的明代嵌螺钿插屏等。其中一件作为御用点心盒的清代雕漆山水人物纹盒气势恢宏，引人注目。

漆器馆陈列的文物大致依照朝代分类，浓缩了千百年来我国漆器工艺的精华。充满魅力的漆器不仅成为我国艺术史中的辉煌一页，同时也化作中国文化的重要精神内涵。

⑥ 沁园

沁园位于南京博物院展厅一楼长廊的尽头，是一座典型的江南风格的园林。沁园吸取了苏州园林"古、朴、秀、雅"的特点建造而成。园中鹅卵石铺设的道路蜿蜒前伸，园内绿树成荫，繁花似锦，回廊曲折，溪水潺潺，秀竹飒爽，假山嶙峋，一口古井幽静深邃，风景异常优美。

沁园中清代的砖雕刻画得栩栩如生，描绘了春秋史事、水浒传奇、秦淮佳话等。在参观之余，沁园也是休憩的好去处。

点赞　👍 @毛毛大人跟班 沁园是南京博物院里一处供游人休息的地方，即使如此，沁园还是透露着古典气质的园林，这里环境清雅，宽敞明亮，又非常安静，真是夏日参观纳凉的好去处。在这里既可以增长知识，开阔眼界，也可以休闲乘凉，真希望南京这样的地方越来越多。

明故宫遗址公园

北京故宫的蓝本

微印象

@蒙面女侠白小静　明故宫遗址公园，古老的城墙，仍保留着当时的印记，但昔日的辉煌现在只能凭借想象来构建……街边的大树修剪得很统一，成片的三叶草随处可见……南京到处都有春的气息！

@青山绿水醉花荫　比起秦淮河畔的熙熙攘攘和总统府的人潮涌动，明故宫遗址公园显得冷冷清清和寂寥。兵火已将它夷为平地，只有巨大的基石仍然立在那里，显示着它曾经的富丽堂皇。

门票和开放时间

门票：免费开放。

开放时间：6:00~20:00。

最佳旅游时间

游览明故宫遗址公园全年皆宜，春季最佳。3~5月公园内风景清秀，绿树葱郁，来公园休闲、赏景和筝是不错的选择。

进入景区交通

位置：南京市玄武区中山东路317号。

交通：市内搭乘地铁2号线至明故宫站下车，步行300米即到。

景点星级

人文★★★　美丽★★　特色★★　休闲★★　浪漫★　刺激★

元至正二十六年（1366年），朱元璋定都南京，修建明故宫。明故宫曾作为明洪武、建文、永乐三代的皇城和宫城，为北京故宫之蓝本。明永乐十九年（1421年），明成祖朱棣迁都北京，南京故宫保持原有建制。清咸丰三年（1853年），大部分建筑毁于兵火。明故宫遗址现被辟为明故宫遗址公园，成为南京诸多胜迹之一。

明故宫遗址公园，由奉天殿、华盖殿、谨身殿形成仿古的三大殿须弥座轮廓主景，公园后半部分为仿建的御花园，四周遍种名贵乔木700余株，形成了色彩多样、层次丰富的皇家园林景观。

❶ 南大门

坐北朝南的南大门是明故宫遗址公园的正门，黄瓦红墙，仿古建筑风格。门前为花岗石铺成的宽阔甬道，甬道后是花岗岩砌成的台基，中间刻团龙浮雕图案。门厅建筑气势宏伟，面积556平方米。门厅东西两侧为草坪，草坪东、西、南三面围以绿篱。穿过南大门，是一个青石铺成的广场，面积1300平方米。广场两侧为绿地，植桂花、红花橙木、石榴、垂丝海棠、绣球等多种植物。

点赞 👍 @画船浮生半日闲 站在明故宫遗址上举目四望，周遭一片旷野，远处青山含黛。遥想明朝开国时的宏伟宫殿，唯有"西风残照，汉家陵阙"这八个字，才能说出此处苍凉的意境。

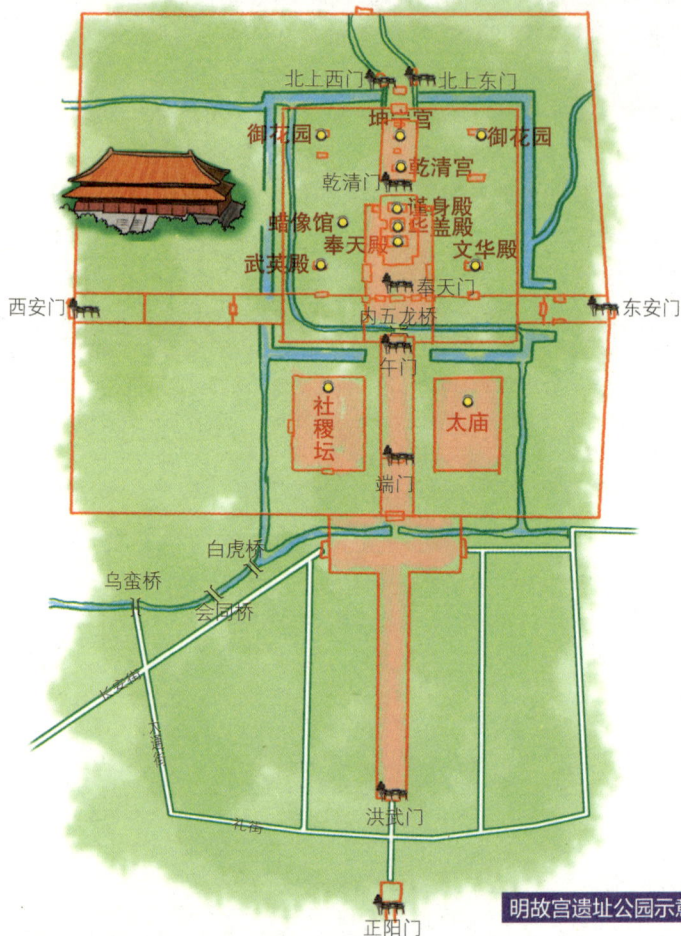

明故宫遗址公园示意图

❷ 三大殿台基

　　三大殿台基即奉天、华盖、谨身三殿台基，位于南大门内广场北面。各台基均高1.05米，用斩假石砌成，位于台基原址，规模略小于原样。

　　其中奉天殿长64米，宽37米，面积2368平方米；华盖殿长25米，宽25米，面积625平方米；谨身殿长47米，宽26.5米，面积1245.5平方米。三大殿上共摆放着明皇宫石柱础44个，均系从遗址发掘出来，但因无法考证各石柱础原系何殿、何宫、何楼之物，故摆放位置非原位。三大殿四周配植黄杨绿篱三圈，示意为须弥座台阶，其外围为草坪。

攻略

　　景区绿树葱郁，旖旎多姿的风光和巍峨的宫殿交相呼应。游客可以天空为背景，将古老的宫殿遗址和树林美景巧妙地搭配摄影。

点赞 👍 @不着边际 有人说，南京明故宫遗址最吸引人之处，就是它的神秘。没有人见过当年这一雄伟的建筑，史学界连一张明故宫的详细图纸都没有，至今只能推测出其大概的分布状况。

❸ 蜡像馆

　　蜡像馆位于三大殿台基西侧，1992 年建成。蜡像馆内展出从明开国皇帝朱元璋起至最后一位皇帝朱由检。蜡像馆中部由曲廊通往相邻的展览馆，展览馆中展出明开国皇帝朱元璋生平事迹、明皇宫概貌图表、朱元璋画像一幅、明故宫全貌示意模型，以及出土的宫殿瓦当、檐口等遗物。

> **点赞** 👍 @南京记录者方青松 要再现明皇宫的辉煌，不一定要复建建筑，像明故宫遗址公园这样，用建蜡像馆、展览馆的方式来重现历史面貌，同样被人认同。

❹ 御花园

　　公园的后半部分是现代仿建的御花园。古时御花园原为帝王后妃休息、游赏而建，兼有祭祀、颐养、藏书、读书等用途。现园中奇石罗布，佳木葱茏，古柏藤萝将花园点缀得情趣盎然，各处又放置各色山石盆景，千姿百态。这里铺展的亭台楼阁相衬，摇曳的青松翠柏点缀，形成了四季常青的园林景观，是人们休闲放松的好去处。

六朝博物馆

六朝文化专题博物馆

微印象

@潜水艇 六朝博物馆绝美，中式意境浓厚。整个氛围很安静，历史厚重，文物丰富，对于六朝傻傻分不清的同学，这里是最好了解历史的窗口。

@猫咖 六朝博物馆是在一个现场发掘的考古点上建立的，主要展出的物品是瓷器和玉，很好看。博物馆本身设计也很有特色，值得一逛。

门票和开放时间

门票：成人30元，家庭套票（"两大一小"60元），大学生15元。

开放时间：9:00-17:30，周一闭馆。

进入景区交通

位置：玄武区长江路302号。

交通：地铁2号线或3号线到大行宫站下，步行前往。

景点星级

特色★★★★　人文★★★★　休闲★★★　美丽★★★　浪漫★★　刺激★★

六朝（222年—589年），一般是指中国历史上三国至隋朝的南方的六个朝代，即孙吴（或称东吴）、东晋、南朝宋（或称刘宋）、南朝齐（或称萧齐）、南朝梁（或称萧梁）、南朝陈这六个朝代。因六朝皆以南京（古称建康）为都城，所以南京又称六朝古都。

六朝博物馆位于南京市玄武区汉府街，是中国展示六朝文物最全面的遗址博物馆，也是反映六朝文化最系统的专题博物馆。博物馆整体建筑为地下一层、地上三层，分四个篇章阐述公元3至6世纪的东方大都会主题，设有"六朝古都""回望六朝""六朝风采""六朝人杰"四大展厅。

❶ 六朝古都

因为六朝博物馆馆址是原六朝建康城的一部分，所以其地下一层便是"六朝古都"的古遗址展示。主要展现了六朝建康城的建筑规模、宫殿、城市道路和排水系统等，其中最引人注目的是一段长25米、宽10米的六朝夯土墙遗址，这是整个博物馆的根，经考证为1700年前六朝建康宫城的建筑遗址。

另外还有大量文物展示，还原六朝时期人们的衣食住行。如六朝木屐，居家使用的席镇、陶榻，陶牛车，以及史料文献中记载的"六朝食谱"等。

❷ 回望六朝

"回望六朝"便是一层大厅展览。走进博物馆一层大厅，钢构玻璃天棚、南北平直墙面的贝氏"月亮门"，地面上镶嵌在米黄石灰石板之间的78个玻璃窗，都是著名建筑大师贝聿铭之子贝建中先生领衔的贝氏设计团队设计。

这里有六朝的历代疆域图、历代皇帝的年号及在位时间等图文展板，大屏幕上还会循环播放一部时长15分钟的微电影《东方大都会》。一层多为临时展览，经常聚集有南京博物院、苏州博物馆等同行文博单位的专题展览。

❸ 六朝风采

位于博物馆二层的"六朝风采"展厅内，展出有六朝时期的陶俑、青瓷、墓志、瓦当、石刻等大批珍贵文物，从美学视角为观众解读六朝艺术珍品。策展借助多媒体手段展示各类文物，赋予了静态的文物以生命力。

六朝博物馆的镇馆之宝"釉下彩羽人纹盘口壶"和"青瓷莲花尊"便在该层展出。釉下彩羽人纹盘口壶描绘了羽人、仙草、比翼鸟、佛像等多种神异奇特的艺术形象，是我国迄今所见以绘画技术美化瓷器的最早器物，堪称早期瓷器中的艺术珍品。青瓷莲花尊是迄今为止发现的存世莲花尊中体型最大、制作最精美的，被誉为青瓷之王，是罕见的佛教艺术珍品。

此展厅几乎没有石墙，而是用柱子、荷叶等植物置景进行隔断，地面上铺设的石阶小路让人有种在竹林、荷塘边赏尽风采之感，将光影和移步换景运用得淋漓尽致。

❹ 六朝人杰

三楼"六朝人杰"展示了六朝时期的文学、艺术、科技、医学等内容，入口即是极具冲击力的漫天箭镞（即"草船借箭"的典故）。六朝时期的著名人物在这里都能看到较详细的介绍，如名臣王导、谢安，医药学家葛洪、陶弘景，数学家祖冲之、何承天，《文心雕龙》作者文学批评家刘勰，《后汉书》作者历史学家范晔等人。

149

南京总统府

中国最大的近代史博物馆

微印象

@熊猫佳子 走进烟雨蒙蒙的南京总统府，就像走进了电影，政治的气息在幽回秀气的古典园林中一点儿不压抑。南京总统府，融入了江南百园之特色，在此游览，可将江南园林特色尽收眼底。

门票和开放时间

门票：40元。

开放时间：7:30~18:00（3月1日至10月31日）；7:30~17:30（11月1日至11月30日）；8:00~17:00（12月1日至2月29日）。

最佳旅游时间

游览南京总统府，全年皆宜，春季最佳。3~5月，总统府内各种鲜花盛开，绿树相衬下的亭台水榭、楼阁建筑别有韵味。

进入景区交通

位置：南京市秦淮区长江路292号。

交通：乘地铁2号或3号线到大行宫站下。

景点星级

人文★★★★　美丽★★★　特色★★★　浪漫★★　休闲★★　刺激★

南京总统府，是一座有600多年历史的历史建筑遗存。明初该处被辟为汉王府，清代分置两江总督署、江宁织造、康乾二帝行宫。太平天国时此处改建为天朝宫殿。1912年1月1日，孙中山在此宣誓就任中华民国临时大总统。南京解放后的近50年中，总统府一直作为机关的办公场所。

总统府总占地面积为90000平方米，园中亭台楼阁，古木叠嶂，共分三个参观区域。中区主要是国民政府、总统府及所属机构；西区是孙中山的临时大总统办公室、秘书处和西花园，以及参谋本部等；东区主要是行政院旧址、马厩和东花园。

❶ 中线

中线是景区最重要的一条线路，它见证了中国近代史上重大事件的始末。主要景点有总统府门楼、东朝房、西朝房、大堂、二堂、子超楼、政务局大楼和防空洞等建筑。

总统府门楼为西式两层半建筑，正中为一根9.26米高的旗杆。其下是标准的8根古罗马爱奥尼柱紧贴墙壁，柱头上雕有精致的巴洛克纹样。柱间向南开有3个拱形门洞，每个门洞内安装一个双扇连顶的实体大铁门。其造型严谨，厚实坚固，宏伟气派。1949年南京解放时，解放军就是在这里竖起五星红旗的。

大堂为中式建筑，与二堂以穿堂相连，呈"工"形殿。这里原为太平天国金龙殿，相传洪秀全病逝后即葬于此。1912年1月1日，孙中山在此举行中华民国临时大总统的就职典礼。二堂为清代晚期建筑，民国年间为举行礼仪活动的场所。

子超楼是总统府的主要建筑，位于总统府的中轴线北端。主体五层，局部六层。其中第二层是总统、副总统办公室，朝南的是蒋介石的办公室，朝北的是副总统李宗仁的办公室。第三层是国民政府会议室。

点赞 👍 @我不叫卷毛儿了 南京总统府多次成为中国政治军事的中枢、重大事件的策源地，它见证了民国时期的兴盛和衰败，也是南京城近代历史更替的见证者。我在这里看着展出的图片，内容是讲解放战争时期国统区物价飞涨、百姓民不聊生的情况，真是让人感慨万千。历史是面镜子……

❷ 东线

东线融历史建筑和自然园林风光为一体，主要景点有东花园、陶林二公祠和行政院等建筑。

东花园面积达3000平方米，园中设有水景、山石、林木，是个历史文化丰富和景致优美的胜地。这里在清代为两江总督署花园。花园的南边有一座清代的四合院，为"两江总督署史料展"和"洪秀全历史文物陈列馆"两个展馆，里面用翔实的资料和图片展示了历代两江总督的生平情况和太平天国建立及灭亡的过程。东花园的北边还有古井、总统府军乐队和马厩等景点。

行政院为一幢西式大楼，由北楼和南楼两座大楼组成。北楼设有"国民政府五院文物史料陈列馆"，共分四个展室，展示了孙中山所倡导建立的具有中国特点的五权政治制度的相关史料。

行政院南楼室外墙体上方挂有孙中山先生像和《总理遗嘱》，里面悬挂有孙中山题字的书法作品，当时的办公陈设也被完整地保留下来了。南楼附近立有一块高3.3米的石碑，为清同治皇帝的手笔，是他为褒奖曾国藩"镇压"太平天国有功而特赐。

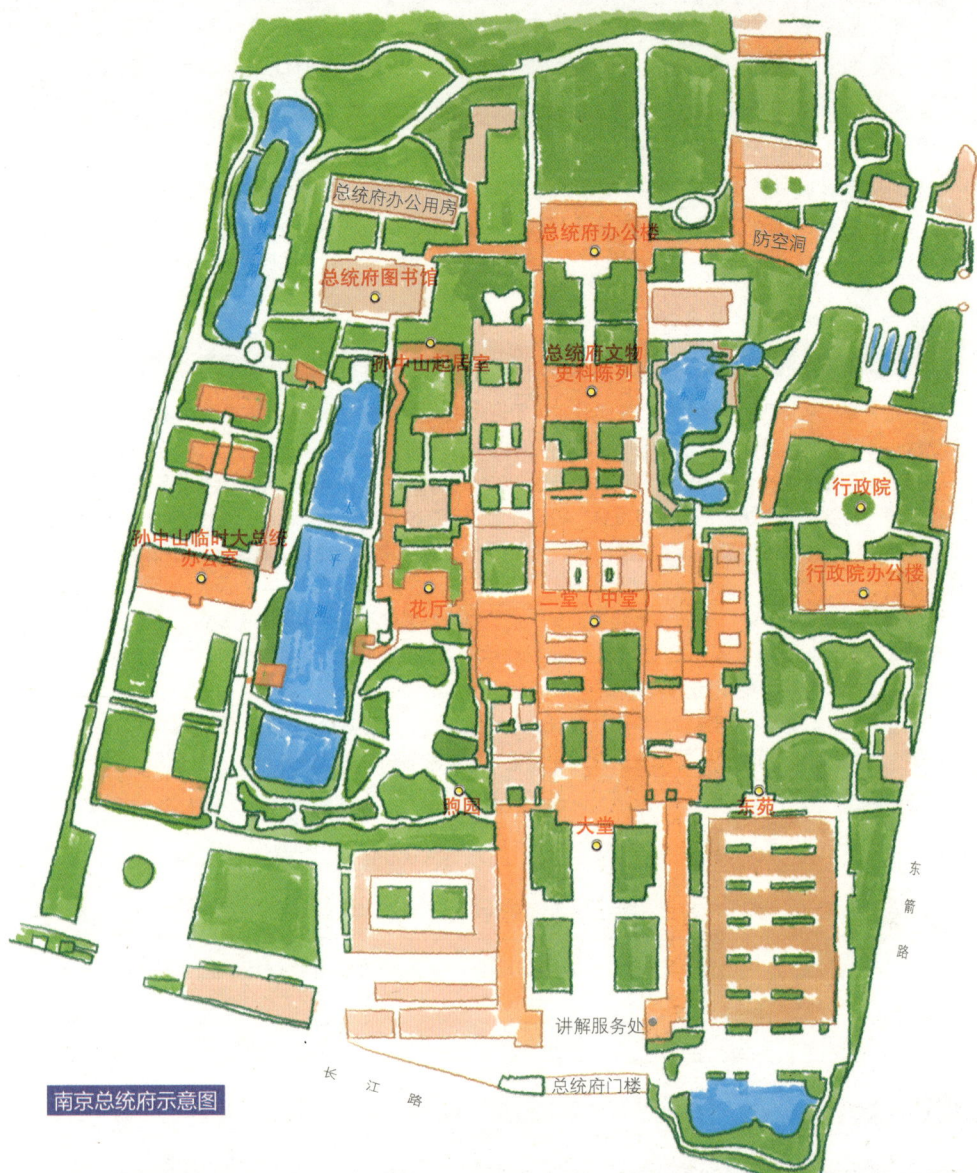

南京总统府示意图

地图标注:
总统府办公用房
总统府办公楼
防空洞
总统府图书馆
孙中山起居室
总统府文物史料陈列
行政院
孙中山临时大总统办公室
行政院办公楼
花厅
二堂（中堂）
狗园
大堂
东苑
东箭路
讲解服务处
长江路
总统府门楼

❸ 西线

　　西线主要是自然风景游览区，又称为煦园。煦园在明朝初年为汉王府花园，以汉王朱高煦名中的"煦"字而得名。煦园为典型的江南园林，与总统府连为一体。

　　煦园内花木修竹参差，亭台楼榭林立，假山奇石散落，清水碧潭相映，堪称"园林中的经典之作"。全园以太平湖为中心，水体南北走向，湖边边全部用明代城砖驳岸。在水域四周有东阁和西楼隔岸相望，南舫和北阁遥相呼应，景致自然和谐。

　　园中主要景点有太平湖、石舫（不系舟）、漪澜阁、忘飞阁、鸳鸯亭、东水榭、临时大总统办公室、孙中山起居室、暖阁遗址、印心石屋、诗碑等。

　　孙中山起居室建于1909年，为两层中式建筑。1912年1月至4月，孙中山担任中华民国临时大总统期间即在此居住。楼上是卧室和办公室，楼下是会客室和餐厅，另有侍卫室和厨房。

朝天宫
南京市博物馆

微印象

@两个吵庞庞 南京第五站，南京市博物馆。了解一座城，最好的方式便是去当地博物馆走一遭，冲着镇馆之宝——青花萧何月下追韩信梅瓶来的，见后感觉果然名不虚传。

@Edward-Uniquely 今天最让我震撼的便是晚上朝天宫的昆剧院了，恰好赶上只有每周六才有的演出，见识到了花旦的魅力。现场的气场太强大了，美得让人窒息。

门票和开放时间

门票："一进区域"免费，"二进区域"收费25元。每月10号为免费开放日。
《圣塔佛光》特别展40元。
开放时间：9:00~18:00，周一闭馆。

进入景区交通

位置：南京市白下区莫愁湖188号。
交通：市内搭乘地铁1号线至张府园站或地铁2号线至上海路站，步行1千米即到。

景点星级

人文★★★★　美丽★★★　特色★★★　休闲★★　浪漫★　刺激★

Follow Me 南京深度游

朝天宫是江南地区现存规格最高、规模最大和保存最好的一组宫殿式古建筑群，历史十分悠久。春秋时期这里就出现了南京最早的城邑，是著名的冶铁中心，后历代帝王多在此建寺庙宫殿。明太祖朱元璋下诏赐名为"朝天宫"，取"朝拜上天""朝见天子"之意，这里曾被誉为"金陵第一胜迹"。

朝天宫现包括大成门、棂星门、泮池和大成殿等景点。20世纪60年代初，南京市博物馆迁至朝天宫后，精美绝伦的古代文物展示与雄伟壮观的古代建筑交相辉映，朝天宫逐渐成为研究南京古代历史文化的一个重要窗口。

① "万仞宫墙"照壁

万仞宫墙照壁面向曾经的运渎，全长近百米。照壁南侧有四个砖刻大字"万仞宫墙"，每个字约一米见方。"万仞宫墙"之名出自《论语·子张篇》"……夫子之墙数仞，不得其门而入"，以赞喻孔子知识渊博，道德、文章水平之高。宫墙两端各有砖坊一座，三间三拱门，中门较高大，上面有砖刻横额，东为"德配天地"，西为"道贯古今"。这八个大字皆为曾国藩所书。

点赞 👍 @阿狸是睡不着的蘑菇 带着学习的态度来到朝天宫——南京市博物馆。没有让我失望，近百米长的照壁看起来非常有气势，中轴线上的孔庙传统建筑保持着同治以来的式样，宏伟大气。

② 大成殿

大成殿为文庙的主体建筑，重檐歇山顶，五进七间，面阔43.30米，进深18.76米。大殿前后两廊均有巨型木柱，殿前露台宽敞。露台四周有石质雕栏，四角刻有螭首。前后台阶中央，都有浮雕龙陛。这里红墙黄瓦，气势非凡，飞檐翘角，状如翼启，斗拱陈列，钩心斗角。

链接 《圣塔佛光》特展

《圣塔佛光》特展每天上午8点开馆，下午4点半时停止售票。馆内展出的阿育王塔，是至今为止中国发现的最大的鎏金七宝阿育王塔。

③ 敬一亭

敬一亭为八角亭，位于朝天宫制高点，是文庙的标志性建筑。据《明史》记载：明嘉靖五年（1526年）"颁御制《敬一箴》于学宫"。《敬一箴》本是嘉靖帝撰写的一篇箴言，要求天下恪守孔子的圣人之道。后各地学宫纷纷将这篇箴言刻成石碑，建亭供奉，所建之亭遂称为"敬一亭"。

点赞 👍 @海角天涯 坐在敬一亭时似乎又回到了遥远的过去，历史这么安宁。如果说重阳时节倍思亲，那爬上敬一亭也算是登高了吧！

敬一亭
飞云阁 御碑亭
崇圣殿
大成殿
钩栏七檩拼雕
大成门
古玩市场
江宁府学
棂星门
泮池　　东牌坊
万仞宫墙

❹ 奉敕重建朝天宫碑

　　明代是朝天宫历史发展中最为辉煌的时期，洪武十七年（1384 年），明太祖赐名朝天宫为皇家专用道场。成化年间，这里进行了大规模的重修，竣工后，大学士商辂撰写了《奉敕重建朝天宫碑》。

　　碑高近 6 米，分碑首、碑身、碑座三部分。碑首为浮雕云龙，刻画精细；碑身两边饰有蜿蜒龙纹；碑座龟趺，昂首瞪目，形态生动。碑文有 1000 余字，记载了明初朝天宫的定位、规模以及成化年间重修的始末，是研究明代朝天宫沿革、规制、布局等的重要史料。

❺ 南京市博物馆

　　南京市博物馆位于朝天宫内，馆藏文物丰富，上溯远古，下迄民国，藏品内涵丰富，具有很高的历史、艺术和科学价值，是南京历史的见证。

　　博物馆分为"龙蟠虎踞——南京城市史展""胜迹千年——朝天宫历史展""云裳簪影——馆藏宋明服饰展"等几个基本展览。"龙蟠虎踞——南京城市史展"展览从远古到秦汉、六朝、隋唐宋元、明清、民国五个单元，全面表现南京的历史与文化。"胜迹千年——朝天宫历史展"分为"冶城春秋""朝天云阁""人文掌故"三个单元，分别介绍朝天宫的历史沿革、现状和历史上的掌故、诗文。

"云裳簪影——馆藏宋明服饰展"展示了馆藏宋、明时代的服装与各种佩饰,其中各种服装、鞋袜20余件,各种金、银、玉首饰、佩饰100余件,不少展品来自曾引起社会广泛关注的江宁宋墓和江宁将军山明代沐氏家族墓。

攻略

　　在馆藏文物中,南京人头骨化石、青釉羽人纹盘口壶、青瓷莲花尊、王谢家族墓志、青花萧何追韩信梅瓶、镶金托云龙纹玉带、渔翁戏荷琥珀杯、七宝阿育王塔等一批文物蜚声中外,是各个历史时期的文物精粹的典型代表,不容错过。

攻 略

娱乐 城市魅力深体验

　　朝天宫昆剧院是一家很专业的剧场,演出主要是以昆曲为主。剧院不是很大,但用"麻雀虽小,五脏俱全"来形容刚刚合适。这里有精致的舞台、专业的表演、舒适的环境、艺术的氛围。来朝天宫昆剧院看一场最喜欢的昆曲演出,也是一种释放解压的好方式。

购物 又玩又买嗨翻天

　　博物馆商业服务中心出售有关南京出土文物的历史资料和一些纪念品,有兴趣的话可以购买一些做个纪念。距离景区不远处是朝天宫古玩城,面积达7000平方米,整座大楼1~3楼全是卖古玩玉器、红木家具、瓷器、铜器、字画等藏品的店铺和柜台,可以尽情挑选。

行程推荐 智慧旅行赛导游

　　朝天宫建议按以下线路游览:万仞宫墙照壁—棂星门—大成殿—崇圣殿—南京市博物馆—敬一亭—奉敕重建朝天宫碑—御碑亭—返回—朝天宫昆剧院—朝天宫古玩城。

中山北路民国建筑群

绿树婆娑的民国建筑

微印象

@SeleneW 周末的傍晚，漫步街头，喧闹的市中心车水马龙，只有那成片的民国建筑静静地诉说着历史。很享受这样树荫下安静的一隅，南京的夏日似乎就该如此惬意，在民国建筑间流连那心无杂念的单纯气氛。

@黑米粒 历经一个多世纪依然保存尚好的南京民国建筑街区，是历史的缩影，更是我们追忆历史的好去处。民国建筑街区的设计、构造、风格，既体现了近代以来西方建筑风格对中国的影响，又保持了中国民族传统的建筑特色，为这座城市增添了别致的美！

门票和开放时间

门票：中山北路民国建筑群、颐和公馆区免费；紫峰大厦观光层80元。

开放时间：中山北路民国建筑群、颐和公馆区全天开放；紫峰大厦观光层9:00~21:00。

进入景区交通

位置：南京市下关区中山北路。

交通：乘地铁4号线到云南路站，步行游览周边。

景点星级

人文★★★★ 美丽★★★ 特色★★★ 浪漫★★ 休闲★★ 刺激★

中山北路南起鼓楼广场，北至盐仓桥广场，是一条现代摩天大楼与传统民国建筑共存的一条大道，更是一张南京历史文化的名片。其中最为精彩的莫过于这里的民国建筑群，它同颐和路公馆区（也是民国建筑的集中展示区）沿线分布有国民政府主要的部、局、院等政府部门，共包括原国民政府外交部大楼、原国民政府最高法院、原周佛海公馆、扬子饭店等15处民国时期的建筑。这些建筑融欧洲的浪漫唯美主义和雕梁画栋的中式经典于一体，犹如一个"万国建筑博物馆"。每栋建筑都有着各自的独到之处，让人回味良久。

❶ 原国民政府外交部大楼

原国民政府外交部旧址位于中山北路32号，建于1931年3月，现为江苏省人大常委会等单位所在地。

原国民政府外交部建筑面积4000平方米，为钢筋混凝土结构，建筑物平面呈"工"字形。建筑物采用传统的中国古典建筑形式，重檐歇山顶，琉璃瓦屋面，地上二层，半地下室一层。前有月台踏步，墙身柱间辟有大玻璃窗。细部采用清式斗拱彩画，天花藻井。

上水平的屋顶、宽敞的门廊凸显着欧洲简约的设计理念；檐口琉璃砖制成的简化型斗拱装饰，以及内部大厅天花板上的清式彩画，又张扬着中国文化中"东方艺术"的特质。

> **点赞** 👍 @ 生活不在线 中山北路沿线民国建筑群，既是历史建筑，又是名副其实的风景名胜！这些零星散落或密集成群的民国建筑，象征着那段历史的终结，又承载着文化脉络的延续。

链接 中山北路老建筑

名 称	位 置
原国民政府外交部旧址	中山北路32号
原国民政府监察院旧址	中山北路105号
原国民政府资源委员会旧址	中山北路200号
原联勤司令部（军政部）旧址	中山北路212号
原国民政府行政院旧址	中山北路252—254号
原国民政府交通部旧址	中山北路303—305号
原江南水师学堂旧址	中山北路346号
原国民党中央监察委员会旧址	中山东路313号

❷ 原国民政府最高法院

位于中山北路101号的原国民政府最高法院旧址，始建于1932年7月。主楼原高三层，后加盖一层，现在是四层，另有地下室。

原国民政府最高法院，属于西方现代派建筑风格。正面看，主楼呈"山"形，爬到附近一处高楼上往下看，竟然又是一个"山"字，寓意"执法如山"；连门上勾勒的装饰线条，也都像座小山。整幢建筑干练简洁。主楼前还建有水池，水池正中有圆柱莲花碗，寓意"一碗水端平"。

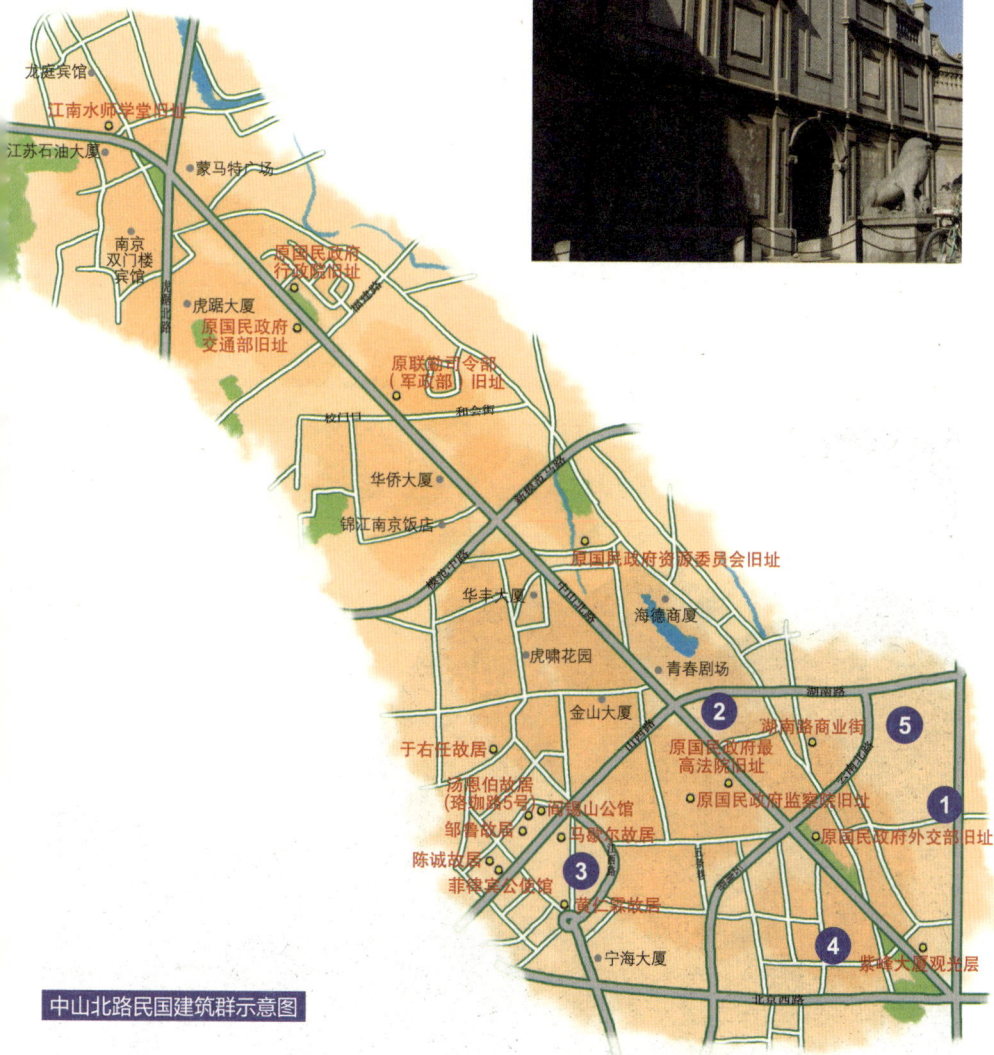

龙庭宾馆
江南水师学堂旧址
江苏石油大厦
蒙马特广场
南京双门楼宾馆
虎踞大厦
原国民政府交通部旧址
原国民政府行政院旧址
原联勤司令部(军政部)旧址
华侨大厦
锦江南京饭店
原国民政府资源委员会旧址
华丰大厦
海德商厦
虎啸花园
青春剧场
金山大厦
于右任故居
杨恩伯故居(珞珈路5号)
邹鲁故居
陈诚故居
菲律宾公使馆
黄仁霖故居
宁海大厦
湖南路商业街
原国民政府最高法院旧址
原国民政府监察院旧址
原国民政府外交部旧址
紫峰大厦观光层

中山北路民国建筑群示意图

③ 颐和路公馆区

颐和路公馆区是指位于颐和路、宁海路一带成线成片的住宅建筑。这里曾是 20 世纪 30 年代民国政府提供给政府官员居住的高级住宅区，环境幽美。

公馆区较为完好地保存着 225 幢民国建筑，几乎每一幢房子都有一段值得回味的历史。马歇尔、孙科、宋子文、汪精卫、李宗仁、白崇禧、陈布雷、阎锡山、于右任、汤恩伯等都曾经在这里居住过。

其中位于颐和路 8 号的阎锡山公馆是建筑中最富有浓重色彩的，这是一座中西结合的两层洋楼，翘角的屋檐、圆形的大露台，整体色彩明快亮丽。公馆区的相关配套建设也十分健全，如宽阔的沥青道路、整齐的行道树、完善的供水和排水系统等。

链接　公馆区的名人故居

名　称	位　置
马歇尔故居	宁海路 5 号
黄仁霖故居	宁海路 15 号
菲律宾公使馆	颐和路 15 号
邹鲁故居	颐和路 18 号
苏联大使馆	颐和路 29 号
白崇禧故居	颐和路 36 号
陈诚故居	颐和路 20 号
顾祝同故居	颐和路 34 号
汪精卫故居	颐和路 38 号
汤恩伯故居	珞珈路 5 号
于右任故居	宁夏路 2-1 号

❹ 紫峰大厦观光层

紫峰大厦坐落于鼓楼区著名的鼓楼广场，大厦共89层，总高度450米，屋顶高度389米，目前仍位列中国前十高楼之列，为典型的摩天大楼。其中1~6层是购物中心，8~9层是健身中心、游泳馆和室内花园，10~41层是办公区，45~46层是空中大堂，47层是咖啡吧，49~71层是洲际酒店客房，72层是观光层，再往上分别是中西餐厅、总统套房和俱乐部等。整个大厦气势宏伟，设施先进，功能齐全。

观光层位于大厦的72层，高约为84米，四周均为全景落地玻璃所包围。通过大厅四周的透明玻璃窗，可以东看紫金山、玄武湖，南望城市天际线，西观万里长江胜景，北眺大桥幕府山风光，南京美景尽收眼底。在这里，可以春赏朝阳，夏看晚霞，秋观流云，冬览云海。

攻略

观光层内设有一个别致的"空中邮局"，游客可以在明信片上写上祝福的话语寄送给远方的亲朋好友。

❺ 湖南路商业区

与中山北路邻近的湖南路商业街西起山西路市民广场，东至中央路，全长1100米，是与新街口商业区齐名的一条商业街。商业街上高楼大厦鳞次栉比，商品眼花缭乱，应有尽有。这里白天游人如织，夜晚华灯璀璨，是古城南京最繁华的商业街之一。与地上商业街相互呼应的湖南路地下商业街也是商品丰富多样，人流如梭。

商业街上不得不提到的是狮子桥步行街，它位于湖南路中段，是湖南路全线五条支干道之一。它全长330米，地面全是黄岗岩铺就，道路两旁新建了喷泉、花盆、景观路灯、休闲椅等公用设施。步行街上主要以各类餐馆为主，其中南京本土的餐馆最为聚集，是外地游客来南京品尝美食的首选之地。

点赞 👍 @软软爱打嗝 吃货真心伤不起！做梦梦见南京湖南路的好吃的了！然后饿醒了！饿醒了！

Follow Me 南京深度游

攻略

美食 饕餮一族新发现

湖南路不仅是南京的商业中心，也是有名的小吃街。在这里可以挖掘到最正宗的南京美食。

清真韩复兴板鸭：位于湖北路90号，紧邻湖南路，南京市的老字号。这里的盐水鸭以瘦型鸭为原料，淡盐的口味伴着鸭肉的清香，吃起来口感滑嫩，鲜而不腻。此外，鸭油酥烧饼也非常爽口。

马祥兴菜馆：位于云南北路32号1-3楼。一家耳熟能详的老字号清真菜馆，既有"松鼠鱼""凤尾虾"等名菜，还有牛肉锅贴、牛肉小笼包、荠菜包子等美味小吃。店里食客一直不少，是被认可的老南京味道。

尹氏鸡汁汤包：位于湖南路狮子桥2号，这里的汤包是南京最好的汤包之一，皮薄馅多，汤汁十足，口味中还略带一丝甜味。此外，这里的鸭血粉丝也很有名，鸭血又嫩又滑，粉丝也很筋道。

南京大排档：位于湖南路狮子桥5号餐厅。共分两层，装修风格古色古香。一楼是大堂，里面八仙桌、长板凳和青花瓷碗一应俱全，有点北京老茶馆的感觉。中间还有一个舞台，可以听到正宗的评弹。二楼是包间，透过垂着的竹帘，可以清楚地看到整个一楼大堂。

购物 又玩又买嗨翻天

湖南路上购物商场随处可见，既有高档的大型商厦，也有风格独特的个性服装店，比较有名的有南京国际广场、温莎服饰广场、苏宁环球购物中心。

雨花台风景区

松柏环抱的秀丽山岗

@空戏 今天逛了雨花台，登了雨花阁，来了这么多次还是第一次登。登上阁楼，远眺前方之景，颤颤巍巍地走近，一瞬间视野无比开阔，葱郁滴翠的一片，瞬间心情与天气一般晴朗无比。

微印象

门票和开放时间

门票：免费。

开放时间：8:00~21:00。

最佳旅游时间

游览雨花台风景区全年皆可。

进入景区交通

位置：南京市雨花台区雨花路215号。

交通：乘地铁1号线到中华门站下，步行至景区北门。

景点星级

人文★★★★　休闲★★★　美丽★★★　特色★★　浪漫★　刺激★

雨花台风景区位于南京中华门外1000米处,三国东吴时称石子岗、玛瑙岗、聚宝山。南朝时,佛教盛行,传说高僧云光法师在此设坛讲经,因说法虔诚所至,感动上苍,落花如雨,始得名。风景区面积154公顷,由名胜古迹区、烈士陵园区、雨花石文化区、雨花茶文化区、游乐活动区和生态密林区六大功能区组成。

雨花台是景区的核心部分。雨花台是一座松柏环抱的秀丽山岗,高约100米、长约3500米,顶部呈平台状,由3个山岗组成。东岗又称梅岗,中岗也称凤台岗,西岗延伸至安德门外,无别名。雨花台是革命烈士殉难处,在这里遇难的共产党人和革命群众达10万之多。

① 雨花阁

从景区北大门进入,首先映入眼帘的是景区名称的发源地——雨花阁。

北宋末年,雨花台始有建筑物,为古雨花台遗址。1997年在古遗址上修建了雨花阁。阁叠三层,檐卷四重,阁高34米。迎面镶有《雨花阁记》,内厅悬挂有一幅长约30米的云光法师说法长卷,叙述了雨花台的历史源头。内存一尊讲经石座,四周散缀99颗雨花石,营造出云光法师讲经讲得天花飞坠的场景。楼台回廊有著名书法家陈大羽、尉天池等22位书法家书写的44条楹联条幅作为装点。

点赞 👍 @张万里1990 今天阳光和煦,但风大,我一人游览雨花台。说是六朝雨花凝天地神韵,一部青史铸千秋圣台。坟冢群、纪念碑、雨花阁悲壮肃穆,名胜里的一草一木皆透出冲天的铮铮傲气。猛烈的大风,赶得走凤凰,却撼不动有脊梁的人!

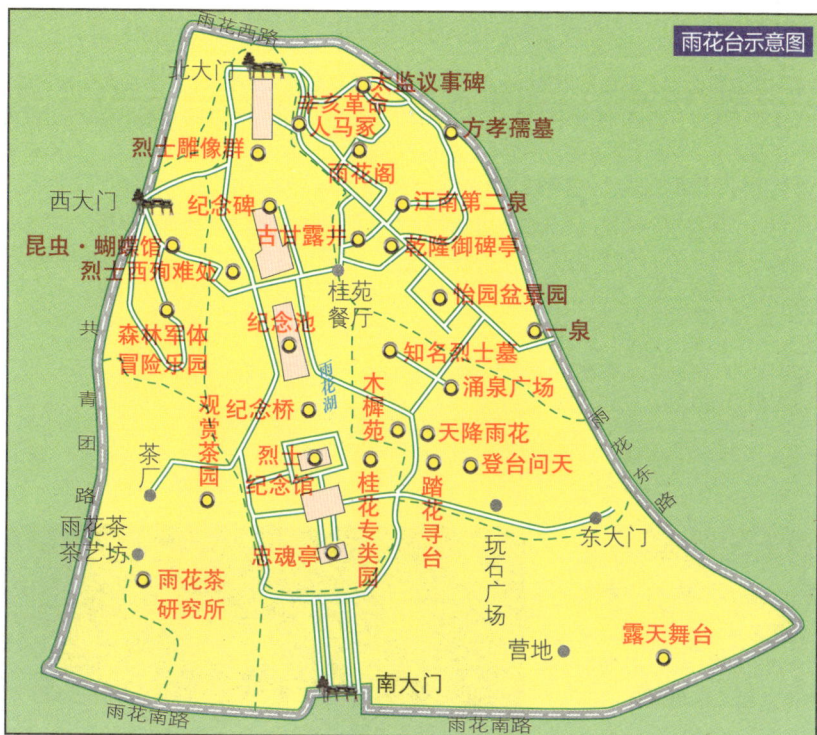

雨花台示意图

雨花西路
北大门
太监议事碑
蒋亥革命人马冢
方孝孺墓
烈士雕像群
雨花阁
西大门
纪念碑
江南第二泉
昆虫·蝴蝶馆
古忠露井
乾隆御碑亭
烈士西殉难处
桂苑餐厅
怡园盆景园
一泉
森林军体冒险乐园
纪念池
知名烈士墓
共
青
团
观赏茶园
纪念桥
木樨苑
涌泉广场
路
茶厂
烈士纪念馆
天降雨花
登台问天
雨花茶茶艺坊
桂花专类园
踏花寻台
玩石广场
东大门
雨花茶研究所
忠魂亭
营地
露天舞台
南大门
雨花南路
雨花南路

❷ 雨花石博物馆

雨花石博物馆位于雨花石文化区，原是古高座寺的遗址，朱栏房栈至今犹存，回廊庭院迂回相连。该馆是我国唯一收藏研究雨花石的专业馆，馆内以"形、意、趣、逸"形式与声、光、电巧妙地结合，展示了大量的雨花石精品和图片文字。

这里收藏的雨花石精品，曾在"上海首届中国名人家藏石展览"获一、二、三等奖。雨花石曾作为1988年韩国汉城（今首尔）奥运会"和平幸运石"，由中国体育代表团携往汉城奥运村，受到世界各国观者的赞赏。

点赞 👍 @提红鱼的少年 雨花台里的雨花石博物馆展现了雨花石动人的美，是南京的窗口之一。我记得小学五年级第一次去的时候，给我印象最深的是那枚"绣花鞋"，质地是彩色油泥的。时隔12年，我最欣赏的还是那枚"绣花鞋"。这次也发现了一枚漂亮的"火烧"玛瑙雨花石。

③ 二忠祠

二忠祠原名褒忠祠，为祭祀南宋抗金英雄杨邦乂所建。杨邦乂拒不降金，被金人在雨花台下剖腹取心，宋高宗赐其谥号，建"褒忠祠"。150 年后，文天祥抗元失败，被押解大都（今北京）的途中经过建康（今南京），他在《怀忠襄》一诗中，表达了对杨邦乂的钦仰之情和殉国之志。文天祥殉难后，人们在"褒忠祠"附祀文天祥，遂将祠改名为"二忠祠"。

1998 年，"二忠祠"复建，其主体建筑为九檩举架单檐歇山仿古寺院建筑。祠宽 15 米，进深 10 米，屋面正脊高 9.9 米。祠堂正门 25 米处砌筑了硬山式折线形照壁，长 6.88 米，在黑色磨光花岗岩上刻有武中奇书写的文天祥的《正气歌》，祠左镶嵌"忠孝节义"四字古碑。

点赞　👍 @云呆呆大人 看着二忠祠影壁上线刻的二公全身，敬佩之情油然而生。让我怎能不流连于这植有松、竹、梅、兰的小小庭院呢？

④ 烈士纪念馆

烈士纪念馆位于烈士陵园区，是为纪念被国民党反动派屠杀的革命烈士而建的。此馆为重檐屋顶两层楼，正门洞开的建筑。乳白色琉璃瓦屋顶、花岗石贴墙面、白色大理石窗框，把整个建筑装点得分外巍峨壮丽。馆门庭南北两面均雕有 2.5 米见方的"日月同辉"花岗石浮雕，象征着烈士精神与河山共存，与日月同辉，是纪念馆的标志。门庭南上方刻有邓小平手书的馆名。

纪念馆的东南面是一片 8 公顷的竹海，这里长眠着卢志英等 17 位烈士的忠魂。墓地用花岗石砌造，朴素庄严。涌泉广场池中的三股涌泉奔流不息，寓意滴水之恩，当涌泉相报，革命传统世代相传。

点赞　👍 @若白 踱过倒影池，越过纪念桥，站在纪念馆正门向南眺望，整个纪念馆尽收眼底。一直觉得那个时候的青年学生特别具有时代感，佩服他们敢于抗争的勇气。

攻略

娱乐 城市魅力深体验

　　雨花台景区随处可见郁郁葱葱的树木和色彩缤纷的花朵，这里可以春赏杜鹃、海棠，夏赏竹林，秋赏桂花、菊花，冬赏红枫、梅花。杜鹃花是景区的特色观赏植物，这里每年都定期举办盛大的杜鹃花展。景区雨花茶文化区分布了一些茶社，如二泉茶社和雨花茶艺馆等。走累了，可以在这里歇歇脚，品尝一下泉水冲泡的雨花茶。

　　雨花台景区北边是一个游乐场，里面的游乐设施大部分是为儿童设置的，有"大象母子""风车""滑板"等游乐设施，供游人玩耍，简单而有趣。园门处的休闲广场是每年的春季花展、秋季菊花展的主展区。

行程推荐 智慧旅行赛导游

　　雨花台景区专门开辟了三条旅游线路，建议按以下线路游览：

　　纪念教育游：北大门进—烈士雕像群—东干道—江苏省国家安全教育展览馆—纪念碑—纪念碑碑廊—倒影池—纪念桥—纪念馆—忠魂亭—知名烈士墓和涌泉广场—三烈士墓。

　　雨花风光游：雨花风光游以观雨花景、赏雨花石、品雨花茶为主线，从北大门进，东干道—雨花阁—江南第二泉及二泉茶社—雨花石博物馆—园门广场及甘露井亭—曦园（孔雀园）—怡苑盆景馆—玉兰路—雨花石之歌雕塑—竹林—木樨苑—南大门—生态密林区。

　　文物古迹游：北大门进，东干道—二泉后山牌坊—辛亥革命人马冢—杨邦乂墓—杨邦乂剖心处—明太监义会碑—梅岗梅廊与梅将军庙—方孝孺墓—木末亭—泰伯祠—乾隆御碑亭—李杰墓石刻—二忠祠。

侵华日军南京大屠杀遇难同胞纪念馆

震撼人心的爱国主义教育基地

微印象

@Startsimple 纪录频道播放着《伟大的卫国战争》，让我想起第一次去侵华日军南京大屠杀遇难同胞纪念馆的感受。那是南京大屠杀死难者国家公祭日那天，门口依然有人们激愤的口号，依然有白色的菊花，孩子被大人牵着去走那条由脚印铺就的路。南京是个在血中重生并传承坚强的城市。

@左耳 侵华日军南京大屠杀遇难同胞纪念馆，看到那模拟的废墟，心中想着当年在这片废墟下的人是怎样绝望的心态，听着视频里幸存者一字一句颤抖着的讲述，我们有什么理由不珍惜珍视今天的幸福生活呢！

门票和开放时间

门票：免费。

开放时间：8:30~16:30（每周一闭馆）。

进入景区交通

位置：南京市建邺区水西门大街418号。

交通：市内搭乘地铁2号线至云锦路站。

景点星级

人文★★★★★　美丽★★★　特色★★★　休闲★★　刺激★　浪漫★

　　侵华日军南京大屠杀遇难同胞纪念馆原址是日军侵入南京时集体屠杀遗址和遇难同胞的丛葬地。为悼念遇难同胞，于1985年修建了纪念馆。该馆占地面积约7.4万平方米，建筑面积2.5万平方米。

　　纪念馆造型犹如一艘巨大的"和平之舟"，气势恢宏，庄严肃穆，以史料、文物、建筑、雕塑、影视等综合手法，全面展示"南京大屠杀"特大惨案。整个展馆分资料展览区、遗址悼念区、和平公园区和馆藏交流区等四个区域。另外，还有十多座形态逼真、寓意深刻的雕塑点缀其中。

① 资料展览区

　　呈平顶半地下墓室形的资料展览区内，主要陈列有：当年日军屠杀现场照片，历史档案资料，中外人士当年对这次历史惨案所写的纪实、报道和出版的图书、报刊，1000多位幸存者的名册、证言、证词和实物；当年屠杀南京军民的日军军官和士兵的日记、供词；崇善堂、红十字会等慈善团体掩埋尸体的照片、统计表、臂章证词及远东国际军事法庭和中国军事法庭对南京大屠杀主犯松井石根、谷寿夫审判的照片、判决书等。

　　在展馆的尾厅部分，每隔十二秒就会有一滴水从高空滴下，表现了在惨绝人寰的南京大屠杀中，平均每十二秒就会有一个中国同胞被杀害。

攻略

　　资料展览区的电影放映厅有200个座位，不间断地向观众放映《侵华日军南京大屠杀》历史文献纪录片，影片真实揭露了日本侵略者的暴行，动人心魄。

　　👍 @dance—miki　侵华日军南京大屠杀遇难同胞纪念馆，进去就很压抑，听从工作人员安排，不在室内拍照，却是我在南京逛了一圈留下深刻印象的地方，文字、图片、证据赤裸裸地展示在眼前，无比沉重，令人反思！

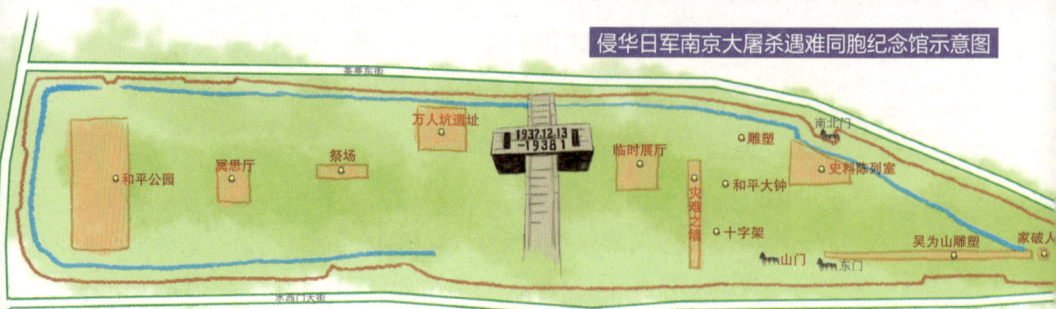

侵华日军南京大屠杀遇难同胞纪念馆示意图

❷ 和平公园区

和平公园区由悼念广场、祭奠广场、墓地广场等三个外景陈列场所组成。其中悼念广场分布有外形如十字架，上部刻有南京大屠杀事件发生的时间的标志碑、"倒下的300000人"的抽象雕塑、"古城的灾难"大型组合雕塑及和平鸽等。

祭奠广场有刻有馆名的纪念石壁、郁郁葱葱的松柏和用中英日三国文字镌刻的"遇难者300000"的石壁。

墓地广场由鹅卵石、枯树和沿院断垣残壁上的三组大型灰色石刻浮雕及院内道路两旁的17块小型碑雕组成，构成了"生与死"和"悲与愤"为主题的纪念性墓地的建筑风格。

小贴士

侵华日军南京大屠杀遇难同胞纪念馆销售部有很多反映大屠杀的书籍，如《金陵血泪》《金陵血证》《南京大屠杀幸存者证言集》，都能给人以很多的启发。

点赞 👍 @南京旅游志愿者 有一个地方，有着南京人以及所有国人最沉痛的记忆！这便是侵华日军南京大屠杀遇难同胞纪念馆。我每年都会去一次，每次心都会很痛！如果你到过南京，你应该过去缅怀一下过去那段沉重的记忆。

红山森林动物园
备受赞赏的网红动物园

@落日晚风 红山动物园的动物种类丰富，从国宝大熊猫到非洲草原的狮子，每个区域都精心设计，模拟了动物们的栖息地。特别推荐澳洲区和熊猫馆，真是让人大开眼界。

@cxy 红山动物园，城市当中的自然奇迹。萌宠齐聚，亲子游首选地。漫步林间小道，偶遇灵动小鹿，大熊猫慵懒吃竹，萌化人心。科普教育寓教于乐，让孩子在玩乐中增长知识。

门票和开放时间

门票：成人40元，儿童票20元，年票80元。6周岁（含）以下或身高1.4米（含）以下儿童免费，须有一位成人陪同入园。60周岁（含）以上老人免费。夜游另购票，398元。

开放时间：8:30~16:30，夜游18:30~21:00。

进入景区交通

位置：玄武区和燕路168号。

交通：地铁1号线到红山动物园站下即到。

景点星级

特色★★★★ 休闲★★★★ 人文★★★ 美丽★★★ 浪漫★★ 刺激★★

171

红山森林动物园位于南京城北，园区总面积68公顷。园内重峦叠嶂，绿化覆盖率达85%，展示着世界各地珍稀动物260余种3000余只，以独特的森林景观、丰富的动物资源、多彩的主题活动成为国内最具特色的动物园之一。

园内分为小红山片区、大红山片区和放牛山片区三大片区，拥有澳洲动物展区、中国猫科馆、大象馆、斑马馆、狮虎山、企鹅馆、猩猩馆等近20个展馆。几大网红动物通过互联网的传播，人气颇高，成为红山森林动物园的顶流"明星"。

小贴士

1. 园区内上下坡较多，建议穿运动鞋，体力较差的游客可以乘坐景区游览车。
2. 动物园8:30开园，建议早上9:00前到达，避开人流高峰，享受宁静的早晨时光。此时动物们也刚醒来，活力满满，是观赏的最佳时机。
3. 考拉每天9:00称重展示，此刻考拉都醒着，过了这个点考拉就去睡觉了。所以北门进入大概率赶不上，东门进入直接去看才有机会。

链接　红山森林动物园与众不同之处

南京红山森林动物园是国内首家取消动物表演的动物园，也是中国唯一自收自支的公益性动物园，其80%的收入都来自门票。这家动物园一直秉承"让动物快乐生活"的理念，展现他们最真实的生活状态。动物园坚持以动物救助和保育为主，摒弃了动物表演、投喂和接触等传统模式，致力于让动物自由生活，展现它们最真实的一面。

❶ 中国猫科馆

中国猫科馆展出的都是中国本土的猫科动物，华北豹、欧亚猞猁和豹猫等。在进入中国猫科馆之前是一个集装箱做的展厅，这里展示了中国猫盟组织在山西和顺华北豹的保护基地。正式展馆里并没有用很多文字去科普，用的是图片和互动装置，更加易读易记，也更容易让小朋友看得懂。

区别于一般动物园的水泥地和大铁笼子，这里依山而建的展厅草木看上去比较杂乱，尽可能地还原大猫们生活的原始环境。它们可以选择躲起来睡大觉，也可以蹲在石头上看着人山人海。园方设计了独特的天上通道，让大猫们可以在不同的区域走动。

❷ 细尾獴馆

很多动画片里都有细尾獴的形象。细尾獴是一种小型的哺乳动物，四肢细长，爪子很有力。它们的招牌动作就是直挺挺地站着，一副哨兵的样子，但站得久了它们也犯困，萌萌的形象很是逗趣，成为深受游客欢迎的新晋萌神。

为了方便游客近距离地观察他们，动物园特别设计了一个金字塔形状的玻璃罩，游客从底部穿过去就可以来到细尾獴生活的核心地带观察它们挖洞和站岗的样子，很有意思。

❸ 冈瓦纳

冈瓦纳展示的是一个自然生态的缩影，灵动的动物们和丰富的植被，能更多展示植物和动物之间的紧密相连。水豚卡皮巴拉和白面僧猴杜松是这里的网红动物。

往上看，更多热带鸟儿加入了冈瓦纳室内展区，托哥巨嘴鸟与太阳锥尾鹦鹉交错飞舞，带来可爱与灵动。往下看，红尾蚺、犀牛鬣蜥、高冠变色龙等爬行动物常常把自己隐藏起来，偶尔可以看见它们的尾巴。在这里，各种动物混养在一起，和谐共处，甚至成为朋友。

这里有一个池塘剖面展示，可以从平视视角，观察这平日难得一见的水下世界。精心设计的绿植、藤蔓、流水、落叶都好看，跟真实的大自然几乎融为一体了。

第5章
南京
郊区

南京长江大桥
栖霞山
汤山国际温泉城
牛首山

南京长江大桥

中国第一座两用桥梁

@旅人蝴小蝶 南京长江大桥是长江上第一座由中国人自己设计和建造的双层式铁路、公路两用桥梁。第一次徒步长江大桥，在桥上走着，感受着这座桥梁的沧桑。脚下过火车，桥颤了。驻步看长江，想着心中对人生太多的疑惑，仿佛自己是那只江中的小船，显得很渺小。

@老子漫话 南京长江大桥，新中国的骄傲！建成于五十多年前的南京长江大桥，历经磨难，多次受船船碰撞，却风采依然，屹立如初，是一座不倒的丰碑！

门票和开放时间

门票：免费。

开放时间：全天。

进入景区交通

位置：南京市下关区滨江道旁边。

交通：南京地铁S8号线可到长江大桥北站。

景点星级

人文★★★★　美丽★★★　特色★★★　浪漫★★　休闲★★　刺激★★

南京长江大桥位于南京市西北面长江上，连通市区与浦口区，是长江上第一座由我国自行设计建造的双层式铁路和公路两用桥梁。铁路桥长6772米，公路桥长4589米，桥下可通行万吨轮船。大桥共有九个桥墩，其中正桥的桥孔跨度达160米，整座大桥如彩虹凌空江上，十分壮观。

大桥两侧整齐地排列有150对白玉兰花灯，每当夜幕降临，华灯齐放，万盏灯火，大桥的雄姿被勾勒得更加清晰和迷人。整个大桥的桥头堡和浮雕也很有特色，另外，毗邻大桥的南堡公园景色也十分迷人。

❶ 正桥

南京长江大桥由引桥、正桥和南北桥头堡组成。正桥分上、下两层，上层为公路桥，长1577米，四车道的宽度；下层为铁路桥，全长6772米，宽14米，铺设双轨，两列火车可同时对开。大桥两边的栏杆上嵌着200余块铸铁浮雕，其中有100块向日葵镂空浮雕、96块风景浮雕、6块国徽浮雕。在96块风景浮雕中，有20块不重复的浮雕都是描绘祖国山河风貌和歌颂当时社会主义中国的巨大成就的，堪称"新中国红色经典"。

每当夜幕降临远远望去时，大桥呈现出一幅"疑是银河落九天"的画面，"天堑飞虹"的夜景作为现代金陵四十景之一，可谓名副其实。

攻略

长江大桥横跨长江两岸，气势磅礴，是摄影的最佳对象。白天可选择在北堡公园滨江大道。夜晚，桥栏杆上的1048盏泛光灯开放，桥墩上的540盏金属卤素灯把江面照得如同白昼，加上公路桥上的150对玉兰花灯齐明，桥头堡和大型雕塑上的228盏钠灯使大桥绵延5000米，像一串夜明珠横跨江上。游人也可选择在南堡公园喷水池附近摄影。

> **点赞** 👍 @最是英豪 从1968年12月通车至今，南京长江大桥历经了50多年的风风雨雨，其间，共发生了35起桥体被撞事故，但都没有对桥体产生实质性的伤害。专家评估，大桥再使用70年也不成问题。

链接 南京长江二桥

南京长江二桥位于现南京长江大桥下游11千米处，全长21.19千米，由南、北汊大桥组成，有当今"中华第一斜拉桥"的美誉。位于南汊桥的二桥公园是中国建设规模最大、拥有桥梁资料最丰富的桥梁主题公园。公园地势开阔，分为三大区域，即中外桥梁展示馆、沿江观光带和休闲活动区。桥梁展示馆，其设计风格新颖现代，馆内采用先进的声、光、电科技手段，生动地展示了二桥的建设历程和世界名桥大观。

❷ 桥头堡

桥的南北各有一对桥头堡，高为70米。桥头堡上各有三面红旗，具有时代印记。塑像上的五个人物代表着当时中国社会的五大组成部分，即工、农、兵、学、商。他们共同举着五星红旗昂首向前，象征着团结一致的革命苦干精神。

❸ 南堡公园

　　南堡公园位于长江大桥南边桥头堡下，面积 18.5 公顷。公园到处郁郁葱葱，以中轴线为界，两侧花坛和喷水池对称布局。花坛中心种有雪松，周围配种有灌木，树下布置着四时花卉。公园东南角的盆景园，有盆景 51 个种类，680 余盆，各类花卉竞相绽放，一派生机勃勃。

点赞　👍 @随手拍南京生活 下关长江大桥南堡公园的江堤绿化带上，一排排高大的雪松，一棵棵枝叶茂盛，树冠成塔状，非常壮观。公园里绿化很好，附近的居民带着宠物出来放风，热闹极了。

攻略

　　南堡公园里花团锦簇，各种鲜花竞相绽放，可以一边观赏汹涌的江水，一边欣赏美丽的鲜花。公园的桥墩下建有一座直通电梯，只需几十秒就能直接到达大桥上面。

栖霞山

佛香氤氲的红叶之山

@维维的乐乐 这个新年，去了栖霞山。最漫不经心的旅行却给了我最大的惊喜，清净而且亲民的栖霞山，既拥有千年古刹的气质，又满溢新年祈福的气息。

@敏敏围脖 伫立栖霞寺，门前的银杏树叶黄而未落，我抬头望去，夕阳下一片闪亮的金黄色如丝带在秋风中摇曳，与树下的佛寺、塔、香火相映相衬，宛若佛光闪耀……那一刻有一种和谐而震撼的美。

门票和开放时间

门票：淡季50元，旺季（红枫季）80元。

开放时间：7:00~17:00。

最佳旅游时间

游览栖霞寺、舍利塔，祈福纳祥全年皆宜。栖霞山的枫叶10月末变红，青黄红多色渲染，直至12月末漫山如火红遍，期间观赏最佳。春天去栖霞山踏青也是不错的选择。

进入景区交通

位置：南京市栖霞区栖霞街88号。

交通：乘坐138、206等多路公交到栖霞站下，或地铁2号线南大仙林校区站乘坐342路可到。

景点星级

人文★★★★　美丽★★★　特色★★★　浪漫★★　休闲★★　刺激★★

栖霞山风景区地处南京市东北郊，北临长江，三面环山。风景区总面积860公顷，主峰凤翔峰海拔286米，被乾隆皇帝称为"第一金陵名秀山"。栖霞山是我国四大红叶观赏风景区之一，著名的"栖霞丹枫"赞誉的就是山中的秋季美景。每到深秋时节，看漫山红遍，层林尽染，红叶如晚霞栖落，蔚为壮观，吸引了众多游客纷沓而来。

此外，栖霞山风景区内有历史古迹遗址80多处，著名的有隋舍利塔、千佛岩、明镜湖、始皇临江处等，更有千年古刹，佛教"四大丛林"之一的栖霞寺坐落于栖霞山西麓。

❶ 明镜湖

明镜湖是栖霞山第一景，位于风景区大门西面，面积约3000平方米，建于清乾隆年间。明镜湖浑然天成，山中的山水依山势而下汇于此处。湖中广植睡莲、荷花，与岸边的垂柳、枫树相映成趣。乾隆皇帝第一次南巡来到栖霞山，看到明镜湖的景致，便留下了"虹非日照镜非铜，溪澈桥弯植偶同。奚必名中辨真假，借他假幻悟真空"的绝句。

现明镜湖湖心建有数米高的石质观音菩萨，观音菩萨面露慈祥的微笑，俯瞰着天下众生。一旁的彩虹亭由九曲连桥连通至岸边，供游人漫步赏玩。夏日里，蜻蜓低盘吻嫩荷，游鱼嬉戏绕莲间，颇有一股生气与清新。

> **点赞** 👍 @ 范风尘游士鹏 栖霞山下古佛地，群贤竞相至，山壁浮屠烟熏衣。瞭望塔下旧军营，张弓射飞鹰，珍馐美酒话古经。明镜湖侧千佛斋，如犹旧相逢，前世疑似云游僧。

❷ 栖霞寺

过了明镜湖，便到了栖霞寺。栖霞寺始建于南齐永明七年（489年），是江南佛教"三论宗"的发源地，距今已有1500余年的历史，与湖北玉泉寺、山东灵岩寺、浙江国清寺并称为我国佛教"四大丛林"。

栖霞寺占地面积40多亩，规模宏大，气派非凡。殿前白莲池涟漪乍起，波光浮动，宛如翠石镶嵌。殿宇依山势层层上升，筑有弥勒佛殿、大雄宝殿、毗卢宝殿。诸殿内分别供奉有弥勒佛、释迦牟尼佛、毗卢遮那佛塑像，殿后藏经楼内藏有汉文《大藏经》及各种经书。

栖霞寺声名远扬，络绎不绝的游客朝拜完毕将心愿与祝福写在纸笺上，悬挂于寺外的老树树枝上，形成了栖霞寺一道独特的风景线。

攻略

1. 每年12月31日，栖霞寺钟楼都会举行迎接新年听钟声的活动。该活动既庄严肃穆又新颖活泼，颇具特色，是当地市民辞旧迎新的传统项目之一。

2. 2011年起，每年金陵礼佛文化月（农历三月十五至四月十五）在栖霞寺隆重举行。届时，在栖霞寺佛学院大礼堂内每周末举行法师讲经弘法活动，是游客礼佛朝圣、学习佛宗文化、感受栖霞寺佛光圣迹的绝好时间。

❸ 舍利塔

　　栖霞寺舍利塔位于栖霞寺外右侧，首建于隋文帝仁寿元年（601年），距今已有1400多年的历史。相传隋文帝曾遇神尼，得舍利数百颗，登基后有意重兴佛塔，在全国建塔83座，栖霞寺舍利塔便是其中的一座。栖霞寺舍利塔是古代建筑美的体现，是金陵佛气极盛的见证。

　　栖霞寺舍利塔原为木塔，至南唐时改为现今石塔，是我国最大的舍利塔。塔通高18.75米，用白石砌成，七级八面。石雕的栏杆围绕着舍利塔的基座，基座地面雕刻着海水、龙凤鱼虾等图形，基座上须弥座，八面刻有释迦牟尼的"八相成道图"。一级塔身建于八相图之上，八角各有倚柱，塔身刻有文殊、普贤菩萨及四大天王等浮雕，形象姿态生动传神。二级塔身以上每面刻两个圆拱形佛龛，共有佛像64尊，宏大壮观。

点赞　👍 @smile 尹相涛　漫步栖霞寺，蝉鸣鸟唱，青烟缭绕，感受着万物皆空的清静世界。是谁穿山凿壁刻化千佛崖？是谁尽其心血筑起舍利塔？庙宇错落，巨树环绕，叩拜祈福，但愿在梵音唱经中寻一丝文字与音乐的灵感。

栖霞山示意图

④ 红叶谷

红叶谷位于栖霞山凤翔峰西南山腰和御花园的交界处，占地约 50000 平方米，谷内红枫碧柳，奇石嶙峋。由于长年受山水的冲刷，这里的岩石形态各异，且因人迹罕至最大程度地保留了原始的自然风貌之美。每到霜降时节，谷内的枫树如火如荼，鲜红、猩红、娇艳橘红的颜色渲染开来。流水潺潺，木桥曲曲折折，游客顺着木桥一路前行，两岸的风景扑面而来，犹如置身于彩霞之中，美不胜收。

秋日里的红叶谷展现出一片"停车坐爱枫林晚，霜叶红于二月花"般诗情画意的景象，是秋日赏枫的好去处，也是摄影爱好者们不容错过的美景。

> **点赞** 👍 @飞天臭美鱼 栖霞山、栖霞寺、凤翔峰、红叶谷。一重山、两重山，山远天高烟水寒，相思枫叶丹。在南京的最后一年，终于看到了枫叶。漫山遍野的红叶，透露着秋的气息。这里红叶最美。

攻略

1. 每年的 10 月末至 12 月初，栖霞山风景区都会举行盛大的红枫叶节。届时，红叶谷便是赏枫拍照的首选之地，更有民俗、武术、杂技、民生等表演活动在景区内举办，内容多样丰富，引人入胜。

2. 秋季，如果想要在红叶谷拍摄红叶，需注意拍摄距离。近距离可拍出不同红叶奇特的形状、艳丽的色彩，感受落叶缤纷的秋意。远距离则可拍摄出成片红叶斑斓变化的景象，感受层林尽染的气势。

3. 栖霞山观赏枫叶，除了去红叶谷，还可以沿观枫岭一路向上，至陆羽茶庄回望虎山、凤翔峰方向，或者从碧云亭向凤翔峰、龙山、栖霞寺方向观赏。两者都是不错的选择，能观尽群峰之景。

⑤ 千佛岩

千佛岩位于栖霞山凤翔峰西南麓，始建于南朝，此后不断开凿修整直至明朝。佛像依山而造，岩壁上共凿有 700 尊雕像，享有"东敦煌"的赞誉。其中佛像大者高数丈，小者仅盈尺，规模最大的石窟"大佛阁"开凿于南齐永明七年（489 年），正中无量寿佛坐像高达 12 米。

2000 年，考古人员在千佛岩考古时发现了"栖霞飞天"壁画。壁画位于 102 号洞龛，长 80 厘米，宽 40 厘米。壁画中两组飞天色彩艳丽橙黄，线条清新分明，呈现出挥手撒花的姿态，中间佛像头顶的火焰也隐约可见。这是中国所发现的最东部的"敦煌遗迹"，故又称"东飞天"。

> **点赞** 👍 @车桑正 枫霞落日相辉映，碧水长天割一山。千佛岩下千般愿，与君心似宝塔坚。与他牵手一起在南京栖霞山下栖霞寺中许下千年不悔的爱情诺言，踏在古人的脚印上，隐约有一种恍若隔世的感觉，就像那三生石上永远不变的相知与相守，那么陌生与熟悉。

⑥ 始皇临江处

始皇临江处位于栖霞山风景区凤翔峰近山顶处，此处为一仿古建筑，包括重檐亭、廊、轩以及观景平台，造型精致，颇具古意。游客沿红叶谷一路向上便可到达始皇临江处，凭栏远眺，景色豁然开朗，极目望去，长江之水翻腾着澎湃而过，百舸争流，两岸景色尽收眼底。

链接 始皇临江处的由来

公元前 206 年，秦始皇统一全国后，在车巡洞庭、九嶷山、钱塘、会稽、苏州后，西行至金陵，驻跸江畔，顺道登临摄山（栖霞山）。史志还记载："始皇此次登临摄山纵目，并埋双璧以祭告天地，更敕李斯篆文、立石以明天下。皆表明此次登临，非一般仅巡视大江与觅渡，实为体现统一四海，雄视千古之意。"

攻 略

美食 饕餮一族新发现

栖霞山曾因山间盛产有摄生之效的甘草、野参、当归等养生滋补中草药而俗称摄山。现今山中虽草药罕见，但栖霞寺前仍然常有当地人拿着从山上挖来的野果之类的小东西来卖，价格便宜，味道也不错，是别处很难见到的。

娱乐 城市魅力深体验

除前文介绍的栖霞山主要景点之外，风景区中还有一些少为人知的观赏亮点。例如，在龙山太虚亭可以观赏黄灿灿的银杏树叶；当桃花涧桃花盛开的时候，也有"人面桃花相映红"的盎然诗意。

另外，霜红苑、枫林湖、太虚亭等景点处引入了大约500株山茱萸，每年栖霞山春季最先开花的植物就是它了。

行程推荐 智慧旅行赛导游

栖霞山风景区建议按以下线路游览：北门—明镜湖—桃花湖—话山亭—御花园—红叶谷—始皇临江处—太虚亭—试茶亭—千佛岩—飞天壁画—舍利塔—栖霞寺—鼓楼—哼哈殿—返回。

汤山国际温泉城

江南水乡的养生泡汤

@浅醉闲眠 雪天去汤山泡温泉，漫天的小雪飘洒下来，衬着周围的景色，无比浪漫。全身浸在池子里，暖暖的气息直沁心骨。尤其喜欢那儿的石板浴，烫烫的石板，睡在上面太消寒了！

@焦糖monkey 我们一行人乘着烟雨蒙蒙到汤山泡温泉，夜晚时以天为盖的感觉特别好。有淡淡的薄雾在身边缭绕，度假村挂的红灯笼在雾的笼罩中显得格外可爱，突然有一种远离尘嚣的幸福感荡漾在心里面。

门票和开放时间

门票：温泉城内各个温泉区价格不等。

开放时间：周一至周五 9:00~23:00；周六、周日 8:30~23:00。

最佳旅游时间

四季皆宜，春冬最佳。

进入景区交通

位置：南京市江宁区汤山镇。

交通：南京地铁S6号线可到汤山。

景点星级

特色★★★　休闲★★★　美丽★★★　浪漫★★　人文★★　刺激★★

气候宜人、历史悠久的中国文化名镇汤山，地处南京东面距主城区约25千米处，是著名的温泉之乡。这儿青山为屏，碧水为脉，温泉日出水量近万吨，常年水温60~70摄氏度，含多种矿物质和微量元素，是泡汤首选之地。

兴建于此的汤山国际温泉城拥有颐尚温泉度假村、一号温泉度假区、欢乐水世界、汤山方山国家地质公园博物馆、汤山古猿人洞等温泉沐浴、餐饮、观光多个项目，是集人文景观和自然风光于一体的休闲度假胜地。

1 颐尚温泉度假村

颐尚温泉度假村位于汤山国际温泉城核心位置，是融合度假酒店、温泉疗养、休闲娱乐于一体的五星级温泉度假村。度假村门前碧水为镜，背后青山为屏，绿树成荫，花草葱郁，是华东温泉的标杆之作。

颐尚温泉度假村以露天浴池为主，有11个不同主题共50个露天温泉池和15间特色汤屋。大体分为花之恋区、养生汤区、土耳其浴区、芬兰浴区、罗马大理石浴区、巴厘岛风情浴区等，调养健康、美容保健、异国风情，不同功效各具特色。每间汤屋门前绿篱小院，窗后黛山碧草，沐浴其中，尽享私密的泡汤野趣。

小贴士

一般温泉浴可反复浸泡，每次为20~30分钟，但高血压、心脏病患者，每次最好不要超过20分钟，且起身时应谨慎缓慢。

点赞 👍 @ 最爱小新宝宝 汤山颐尚温泉度假村的温泉真的是纯天然的山地活温泉。夜晚泡温泉的只是三三两两的住店客人，没有了白天的嘈杂，一家人在烟气袅绕的泉水里泡着聊天，真是人生一大享受！

② 一号温泉度假区

汤山一号温泉已有 1500 多年的历史，历来深受游客欢迎。园区内拥有原始泉眼三口和独一无二的纯天然温泉游泳池。

汤山一号温泉现有露天温泉养生区、休闲娱乐区、动感区、石林区、美容养颜区以及汤山一号温泉休息区六大温泉区域。温泉区域种类多样，56 个种类不同的温泉池可以满足人们的各种需求，是休息度假的胜地。

石林区是露天温泉的一大特色景观。在大型假山瀑布群，可以尽情体验温泉瀑布的力量冲击，享受前所未有的畅快。在石林区的各处，分别设有"福""禄""寿"三个大小不一的冷热温差浴池，可感受"冰火两重天"的体验。

点赞 👍 @ 一个铜板 冒着小雨在汤山的圣泉温泉泡汤，吃着温泉煮熟的鸡蛋，夜晚的景区静谧极了，抬头就可以看见满天的星星，周围飘着花香和雨后树叶的清香。

攻略

在圣泉温泉区泡火山泥浴，可以将身体慢慢浸泡入温热的火山泥里或将火山泥轻敷在身体上，轻轻按摩，可以使火山泥中含有的多种矿物质和微量元素被人体吸收得更好。

③ 汤山古猿人洞

汤山古猿人洞位于汤山镇 1000 米处的雷公山中，这里分布着一个巨大的溶洞群，是继云南元谋、陕西蓝田、北京周口店、安徽和县猿人之后的重大考古突破。景区可分为六大块，分别为入口处石壁雕泉景观、山脚下的古人类石刻园、古人类史料陈列馆、遗址洞口山崖猿人雕刻景观、天然溶洞景观、竹园休闲区。在整个景区内，随处可见茅屋、石器、巢居屋、穴居屋等石器时代的建筑小品。

对游人开放的溶洞有雷公洞和葫芦洞。雷公洞有三个厅室和六条廊道，有至今尚未探明的岔洞和洞中洞，洞内景致栩栩如生，令人观之称奇。葫芦洞形如平卧葫芦，仰观洞顶，钟乳石如天女散花，非常美丽。

点赞 👍 @ 剁椒悠悠 作为一个假日休闲、爬山、锻炼、呼吸新鲜空气的地方，汤山古溶洞是一个不错的选择。只看溶洞和古人类头骨的话在同类景点中可能算是一般般，但是景区内布局精心考究，别致美丽。

❹ 汤山方山国家地质公园博物馆

1993 年，汤山葫芦洞内出土两具古人类头骨，被命名为"南京直立人"。汤山方山国家地质公园博物馆，便是建立在当年考古发掘遗址之上。

博物馆由人类密码、地层天书、洞天福地、文明之基四大展区组成。人类密码展区讲述了南京直立人故事；地层天书展区复刻了南京地区六亿年来地址变迁和生物演化的过程；洞天福地展区内大量的溶洞景观模型、钟乳石等展品，让游客仿佛置身于幽深莫测的地下世界；文明之基展区走进汤山温泉与文明演变的历史长河。

汤山国家地质公园博物馆，将汤山的古生物、古人类与地质科普资源相结合展现给游客，其整体设计巧妙地融合了当地的自然地形与考古风格元素，主道路穿梭在高低起伏的地形之间，是一种美好的沉浸式体验。

⑤ 汤山欢乐水世界

汤山欢乐水世界位于汤山北麓黄栗墅，占地 126 亩，是华东地区单体规模较大、设施齐全、技术最先进的大型室外嬉水乐园之一，是南京休闲、旅游、纳凉的首选之地。

乐园由激情冲浪区、沙滩休闲区、魔法滑道区、儿童戏水区、梦境漂流区、SPA 水疗区六大区域组成。三米大海啸冲浪让人享受浪花强力冲击时的无限快感，10000 平方米真沙海滩独具黄金海岸风情，千米梦境漂流河让人感觉如徜徉在美妙的海洋中，更有翻江倒海滑道等众多世界先进的水上设备和极富异域风情的水上表演、滑板冲浪秀、互动主题游戏等，欢乐刺激。

小贴士

体验项目推荐：

1. 回旋风暴：从 18 米高空，以 6 米/秒的速度直冲谷底，巨大惯性又旋转着攀上大滑板，让过山车十级玩家过足瘾。

2. 惊涛骇浪：盘旋在水上秋名山般的九曲十八弯，急速俯冲、上跃滑行，很是刺激。

3. 深海章鱼怪：华东首台八并列三段式滑道，从 19 米高塔端俯冲而下，速度与激情让人上头。

4. 尖峰时刻：8 层楼的高度，仅需 3 秒到底，近乎垂直的炫酷滑道，25 米高的自由落体，感受高空失重的极限体验。

点赞 👍 @brucecoool 项目都挺刺激，可惜排队时间太长，平均要一个小时左右。晚上人少多了，海啸还是很棒的，DJ 很给力，之后去漂流很放松。作为南京第一个大型的游乐场，部分人性化的服务设计还有待改进，但项目都还是值得一玩的。

牛首山

人间金陵胜凌霄

@Vincenz 这座花费了数十亿打造的佛教宫殿，简直就是隐身于大山中的天上宫殿，值得你为此专门跑一趟，希望你来了可以找回自己内心的平静。

@山河行者 牛首山宛如一颗璀璨的明珠，散发着神秘而迷人的光芒。它是历史与现代的交融，是自然与人文的合奏。宏伟的佛顶宫，建筑艺术的杰作，以其独特的造型和精湛的工艺令人叹为观止。

门票和开放时间

门票：成人160元，学生票80元。6周岁（含）以下或身高1.4米（含）以下儿童免费，70周岁（含）以上老人免费。

开放时间：8:30~17:30（6月21日至8月20日延时至19:30）。

进入景区交通

位置：江宁区宁丹大道18号。

交通：地铁1号线天隆寺地铁站乘坐712或755路公交可到景区东门，天隆寺地铁站乘坐美丽江宁1号线专线公交到世凹桃园站下步行约1.1千米可到景区西门。

景点星级

特色★★★★　人文★★★★★　美丽★★★　休闲★★★　浪漫★★　刺激★★

　　牛首山位于南京南郊，因为山地中部有东西两座山峰形似牛头双角而得名，民间称之为"牛头山"。南朝梁代，牛首山上修建了大量的寺庙，成为中国禅宗的重要起源地之一。2015年，南京大报恩寺发现了释迦牟尼佛顶骨舍利，供奉于同期落成开园的牛首山文化旅游区地宫。旅游区现有佛顶寺、佛顶塔、佛顶宫、岳飞抗金故垒、摩崖石刻、弘觉寺塔、郑和文化园等。

❶ 佛顶寺

　　佛顶寺是最具代表性的景点之一，也是佛顶骨舍利护持僧团的弘法道场。佛顶寺分为南北两个片区。北片区包括礼佛区和弘法区，南片是僧人饮食起居的空间，不对外开放。

　　佛顶寺为仿唐式建筑风格，主体建筑由天王殿、伽蓝殿、大雄宝殿、观音殿、法堂、药师殿、祖师殿等组成。

❷ 佛顶塔

　　佛顶塔高 88 米，九层四面，仿唐式建筑风格。塔一至七层展示的是佛教传承脉络、各种经藏的壁画。塔的第八层安置了一口全铜铸的佛顶金刚钟，钟上刻有《金刚经》全文，每年元旦和春节，可登佛顶塔撞钟祈福，迎接新一年的好运气。第九层供奉了一尊毗卢遮那佛。登高远眺，山间美景尽收眼底。

❸ 佛顶宫

　　牛首山因有东、西双峰对峙恰似牛头双角而得名，右侧是牛首山的东峰，左侧曾是西峰的所在位置，西峰山体因铁矿开采形成一个巨大矿坑，佛顶宫就建于矿坑之上。

佛顶宫是深坑建筑，地上三层，地下六层。建筑分为大穹顶和小穹顶两个部分。大穹顶以自然的弧度曲线，贴合残留的西峰走势，将西峰缺失的山体轮廓修补完整，看上去像是一件佛家的袈裟。小穹顶形似大佛的顶髻，单个看是双手合十的造型，寓意千万信众对佛祖的供养。小穹顶下方是莲花宝座，由56座飞天菩提门组成，每一座门上都有一组飞天，飞天手中捧有不同的供养物。佛顶宫整体建筑风格尤为吸睛，是牛首山景区的打卡胜地。

环廊：环廊以供养为主题。环廊内侧有31幅壁雕，8幅不同语种的心经，15幅中华名寺浮雕，共同表现了"佛、法、僧"三宝供养的主题。另外还有牛首山、紫金山、玄武湖与秦淮河金陵四景的浮雕。

禅境大观：禅境大观由两个禅境花园和一个莲花剧场组成，共同讲述了佛祖一生的故事。莲花剧场的中间有一尊释迦牟尼的卧佛像，是佛祖涅槃时的姿势。禅境大观的顶端是智慧穹顶，穹顶的图案来源于娑罗树的树杈。穹顶上光线可以通过蓝色透光膜洒进禅境大观，如同佛光普照。

佛殿层：展示了一个有强烈视觉冲击的佛国世界。千佛殿的核心是中央的舍利大塔，塔高21.8米，由塔座、塔身、塔刹三部分组成，金光灿灿，美轮美奂。除了舍利大塔之外，该层还展示有四方佛、慧门十六尊、八供养、四幅漆画和八大灵塔等。

佛宝层：位于地下44米处，极为珍贵的佛顶骨舍利就长期供奉在这里。这一层全年只有21天对外开放，分别是元旦3天、春节7天、国庆节7天，释迦牟尼佛佛诞日、出家日、成道日和涅槃日。

❹ 郑和文化园

郑和文化园是明代著名航海家郑和的墓园，包括郑和墓和史料陈列馆两部分。郑和七下西洋，历尽艰险，与沿岸各国进行文化交流。郑和去世后被宣德皇帝赐葬于牛首山。

郑和事迹展厅是一个四合院的形制，四合院的中心是郑和的半身雕塑。展厅分三个部分，介绍了郑和的故乡、七下西洋的故事以及各国领导人对郑和七下西洋事迹的评价。

❺ 岳飞抗金故垒

南宋建炎四年（1130年），金兀术率金军逼近建康，岳飞在牛首山设伏，构筑石垒，大败金兀术大军，这就是牛首山的著名战役——牛头山大捷。岳飞抗金石垒，就是用赤褐色石块垒成的围墙，围墙底宽0.5米，高约1.5米，蜿蜒起伏，高低错落，在当时的战争中，起到了很好的防御作用。

小贴士

1. 东门进入，有景区摆渡车可直接到山顶，路程约3千米，建议直接坐车上车，时间够用的话，返程可步行下山。

2. 周末和节假日一定要早到，因为牛首山是南京热门拍照打卡地，佛顶宫外拍照非常出片，但是人多非常影响拍照，赶早进去不留遗憾。旺季也可以考虑从西门进景区，离佛顶宫更近。逛完可以从东门出去吃饭。

3. 请注意，无人机不可带入。

4. 景区比较大，游完至少4小时起步，记得带零食和水。

5. 出景区后有精力可以顺道去游玩邻近的金陵小镇，夜色值得一看。